D1722379

Zigarren

Zigarren

GESCHICHTE HERSTELLUNG GENUSS

STEVE LUCK

Parragon

Bath · New York · Singapore · Hong Kong · Cologne · Delhi · Melbourne

ENTWURF UND REALISATION **The Bridgewater Book
Company Ltd**
FOTOGRAFIEN **Paul Winch Furness, Ian Parsons**
KARTEN **Mapping Ideas**

Der Verlag dankt DAVIDOFF (London) für die
unschätzbare Hilfe bei der Vorbereitung dieses
Buches.

Parragon Books Ltd
Queen Street House
4 Queen Street
Bath BA1 1HE, UK

Produktion der deutschen Ausgabe:
trans texas GmbH, Köln
Übersetzung: Martin Rometsch, Mengen
Lektorat: Ronit Jariv, Köln
Satz: Aicha Becker, Köln

ISBN 978-1-4075-3589-0

Printed in China

HINWEIS

Es ist allgemein bekannt, dass Rauchen der
Gesundheit schadet. Beim Zigarrenrauchen
wird jedoch eigentlich nicht inhaliert, und die
Freude am Aroma einer sorgfältig hergestellten
Zigarre darf nicht mit Nikotinsucht verwechselt
werden. Wenn Sie zu viele Zigarren rauchen,
sollten Sie die Zahl reduzieren, gelegentlich
eine Pause einlegen oder Nikotinpflaster oder
Kaugummi verwenden.

INHALT

EINFÜHRUNG

Zweifellos haben Zigarren auch in der heutigen gesundheitsbewussten Zeit ihren Glanz nicht verloren und verbreiten nach wie vor einen Hauch von Glamour. Das mag zumindest teilweise an der langen Freundschaft zwischen Zigarren und den Schönen und Mächtigen dieser Welt liegen. Dabei wirkt diese Faszination beileibe nicht nur auf Männer. Denn obwohl Zigarren einst als männliche Domäne galten, hatten einige Frauen schon immer Freude daran, eine große Zigarre anzuzünden. In Europa und Amerika gibt es Zigarren-Klubs und Zigarren-Dinners nur für Frauen, und vor allem in Amerika lassen sich einige prominente Frauen gern beim Schmauchen einer Premium-Zigarre fotografieren.

Der Zigarrenboom

Die faszinierende Geschichte der Zigarre beginnt im 18. Jahrhundert. Im Laufe der Jahre wurde die Zigarre immer populärer und erlebte etwa in den letzten 15 Jahren einen wahren Boom. Während der 1990er-Jahre stieg die Nachfrage nach guten handgerollten Zigarren in den USA und im Fernen Osten in erstaunlichem Tempo, und auch in Europa nahm der Konsum deutlich zu. Hunderte von neuen Marken entstanden, ebenso zahlreiche neue Zigarren-Bars und -Klubs. Sogar Havanna, die Hauptstadt der Premium-Zigarre, konnte die Nachfrage nur mühsam befriedigen.

Cigar Aficionado

Ein neues Lifestyle-Magazin namens *Cigar Aficionado* berichtete über das wiederauflebende Interesse und löste es zu einem großen Teil selbst aus. Die Zeitschrift verband informative, gut recherchierte Artikel über die wichtigsten Tabak und Zigarren produzierenden Regionen, ihre Marken und die starken Charaktere der Macher, die dahintersteckten, mit Besprechungen und Kommentaren über weitere Lifestyle-Produkte. Damit traf sie bei Menschen aller Couleur einen Nerv – und für eine Weile konnte selbst die mächtige und lautstarke Antiraucherlobby die neu erwachte Leidenschaft für handgemachte Zigarren nicht dämpfen.

Doch eingefleischte Zigarrenliebhaber fanden, dass es mit der Welt der edlen Zigarre bergab gehe. Ihre geliebten alten Marken waren oft nicht mehr erhältlich und durch teurere und minderwertige Produkte ersetzt worden. Zudem fiel es manchen Herstel-

lern schwer, die hohen Standards der Qualitätskontrolle aufrecht-
zuerhalten. Ende der 1990er-Jahre schien die Zigarrenparty dann
endgültig vorbei zu sein, denn in großen Teilen der USA und Europas wurden Gesetze erlassen, die das Rauchen in geschlossenen
Arbeitsräumen, Bars, Kneipen, Restaurants und Klubs verboten.
Dennoch zeigte sich die Zigarrenindustrie in überraschend guter
Verfassung. Gewiss, die Nachfrage war zurückgegangen, aber sie
blieb stabil, und die Produzenten konnten sich auf die Herstellung
innovativer und gut gemachter Zigarren konzentrieren.

Die neue Welt der Zigarren

Dieses Buch ist eine ausführliche Informationsquelle für moderne Zigarrenraucher und ein Wegweiser durch die heutige Welt
der Zigarren. Das Buch beginnt mit der Geschichte des Tabaks
und beschreibt dann die Entwicklung des Tabak- und Zigarren-
handels und dessen wirtschaftliche, politische und kulturelle
Bedeutung. Der Leser erfährt in allen Einzelheiten, wie man
Zigarren herstellt, welche anerkannten Formen und Formate
es gibt und wie man Zigarren auswählt, lagert und raucht. Das
Buch endet mit einem illustrierten Verzeichnis berühmter
Zigarrenmarken nebst Abbildungen in Originalgröße, einer kurzen Geschichte jedes Herstellers und genauen Informationen
über einzelne Zigarren.

1

GESCHICHTE
DER ZIGARRE

DER URSPRUNG DES TABAKS

Die wohl poetischste Geschichte über die Herkunft des Tabaks kommt in der Mythologie der Huronen vor. Dieser Indianerstamm glaubte, der „Große Geist" habe eine Frau gesandt, um die hungernde Welt zu speisen. Wo sie den Boden berührte, wuchsen Kartoffeln und Mais. Dann setzte sie sich, und als sie aufstand, wuchs an ihrem Ruheplatz Tabak.

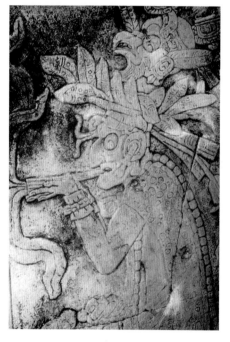

◀ *Dieses alte Maya-Relief zeigt eine Gestalt, die zusammengerollte Blätter raucht. Das Maya-Wort für Rauchen war* si-kar, *was „Rauch einatmen" bedeutet.*

mit Tabak und bauten ihn an. Auch das ist allerdings Spekulation.

Konkretere Hinweise stammen aus der Zeit um den Beginn unserer Zeitrechnung. Offenbar benutzten die Bewohner Mittelamerikas zu jener Zeit regelmäßig Tabak für medizinische und rituelle Zwecke und machten wahrscheinlich Tabakeinläufe, wodurch man Halluzinationen auslösen konnte.

Die Maya-Kultur

Wahrscheinlich sorgte die Kultur der Mayas für die Verbreitung der Tabaknutzung in einem großen Teil Amerikas. Dieses hochentwickelte Volk auf der mexikanischen Halbinsel Yucatán vermischte sich mit anderen mittelamerikanischen Kulturen und schuf in seiner klassischen Periode (300–900 n. Chr.) ein Netzwerk aus Handelswegen, das sich nach Südamerika und nordwärts bis zum Mississippital erstreckte. Aus dieser Zeit stammt auch ein Gefäß mit einem Bild, auf dem ein Maya gerollte und mit Faden gebundene

Jenseits der Mythen steht fest, dass die Tabakpflanze zuerst in Amerika wuchs; wo genau, ist jedoch ungewiss. Manche Wissenschaftler glauben, sie stamme aus den Anden, für andere wiederum ist das heutige Mexiko der Ursprungsort. Archäologen sind sich auch nicht sicher, wann die Ureinwohner Mittel- und Südamerikas die Pflanze zuerst nutzten, aber wahrscheinlich experimentierten sie von etwa 5000–4000 v. Chr.

Blätter raucht. Dies ist die älteste bisher gefundene Abbildung mit Rauchermotiv. Das Maya-Wort für Rauchen soll übrigens *si-kar* gewesen sein.

Trotz des allmählichen Verfalls der Maya-Kultur im 8. bis 10. Jahrhundert n. Chr. sorgte ihr Kontakt mit Nachbarvölkern dafür, dass der Tabak weiterhin medizinisch und rituell genutzt wurde, wenngleich angepasst an die Bräuche und die Religion der jeweiligen Stämme. Die Indianer im Mississippital und dessen Umgebung beispielsweise rauchten den Tabak vor allem in Pfeifen und glaubten, dass ihre Götter sich im Rauch offenbarten.

Nach den Mayas

Weiter im Süden Südamerikas übernahmen auch die Tolteken (wahrscheinlich Vorfahren der Azteken, die Mittelamerika vom 14. bis zum 16. Jahrhundert beherrschten) im 10. bis 12. Jahrhundert n. Chr. von den Mayas die Sitte des Tabakrauchens. Es gibt Hinweise darauf, dass die Oberschicht eher Pfeife rauchte, während ihre Untertanen aus Tabakblättern einfache Zigarren rollten, so wie die Mayas vor ihnen.

▲ *Dieser Stich des flämischen Künstlers Theodore de Bry aus dem 16. Jahrhundert zeigt karibische Indianer, die beim rituellen Tanz Pfeife rauchen.*

Danach breitete sich der Tabakkult rasch aus und erreichte schließlich die Stämme im Amazonasbecken Brasiliens, vor allem die Arawak-Indianer. Wieder sind die Belege spärlich, aber man weiß, dass die Arawak auf der Inselkette siedelten, die wir heute Bahamas nennen, und dass ihre Nachkommen Kolumbus begrüßten, als er dort 1492 landete.

◄ *Zwei Männer des am Fluss Napo in Peru beheimateten Yagua-Stammes beim Rauchen. Sie tragen traditionelle Grasröcke und Haarschmuck.*

KOLUMBUS, TABAK UND EUROPA

Die Schiffe des Kolumbus müssen großen Eindruck auf die Menschen der Bahamas gemacht haben, der Inseln, auf denen Kolumbus am 12. Oktober 1492 landete. Sie beschenkten ihn reich mit „Früchten, Holzspeeren und getrockneten Blättern, die auffallend rochen", wie er in seinem jetzt leider verschollenen Logbuch schrieb.

◀ *Dieses zeitgenössische Werk zeigt Christoph Kolumbus, der bei seiner Ankunft auf den Bahamas 1492 von den Ureinwohnern begrüßt wird.*

Rauchen, und schnell waren auch sie passionierte Raucher.

Tabak in Europa

Es heißt, dass Rodrigo de Jerez der erste Mann war, der das Rauchen in Europa einführte. Er hatte Kolumbus auf seiner ersten Reise in die Neue Welt begleitet. Jerez sah Ureinwohner rauchen, als er Kuba erforschte. Nach seiner Rückkehr in seine Heimatstadt Ayamonte in Südspanien warf die Inquisition ihn in den Kerker, weil er seine „sündhafte und teuflische" Gewohnheit verbreitete.

Diese auffallend riechenden, getrockneten Blätter waren vermutlich Tabakblätter. Obwohl Kolumbus die Gaben dankbar annahm – er erkannte, dass der Stamm ihn damit ehren wollte –, war er nicht sehr beeindruckt. Man erzählt, die Früchte seien verspeist, die Speere verstaut und die übel riechenden Blätter weggeworfen worden – niemand ahnte, welchen Einfluss sie einmal auf die Welt haben würden.

Doch bald wurde die wahre Natur der Blätter enthüllt. Seefahrer, die Kolumbus auf seiner ersten und auf den folgenden Reisen in die Neue Welt begleiteten, beobachteten die Ureinwohner beim

Die Logbücher der spanischen und portugiesischen Seefahrer, der Entdecker und Abenteurer des späten 15. und frühen 16. Jahrhunderts, sind gespickt mit Berichten über das Tabakrauchen und -kauen in der ganzen Neuen Welt. Mehr noch: Mitte des 16. Jahrhunderts galt die Tabakpflanze zunehmend als wertvolle und schicke Ware mit vielen Heilkräften. 1559 erhielt Philipp II. von Spanien von seinem Leibarzt Francisco Hernández de Toledo Tabaksamen als Geschenk. 1560

◄ 1604 erklärte Jakob I. von England, Rauchen sei „abstoßend für das Auge, widerlich für die Nase, schädlich für das Hirn und gefährlich für die Lungen".

Um die Jahrhundertwende wurde die Schädlichkeit des Rauchens jedoch immer offensichtlicher. 1604 prangerte Jakob I. von England in seiner Abhandlung *Ein Schlag gegen den Tabak* die Sitte des Rauchens an. Um den weitverbreiteten Tabakkonsum einzudämmen, erhöhte er schließlich die Einfuhrsteuer um 4000 Prozent, von zwei Pence pro Pfund auf sechs Schilling zehn Pence. Natürlich fielen die Einnahmen aus dem Tabakimport drastisch. Der Wert des Tabaks als Ware wurde allerdings bald erkannt, und als Jakob die Steuer wieder auf zwei Schilling pro Pfund senkte, strömten die Steuern ins Land – der finanzielle Anreiz für das Anlegen von Tabakplantagen war damit gegeben.

berichtete Jean Nicot, der französische Botschafter in Portugal, dem das Nikotin seinen Namen verdankt, am Hof zu Paris von den medizinischen Wirkungen der Pflanze; er schickte Schnupftabak an Katharina de Medici mit dem Hinweis, er lindere Migräne. Etwas später, in der zweiten Hälfte der 1580er-Jahre, verbreitete Sir Walter Raleigh, der Lieblingshöfling von Elisabeth I., die Mode des Pfeifenrauchens.

Ein Agrarprodukt

Ende des 16. Jahrhunderts hatte der Tabak Europa im Griff. Man rauchte ihn in Pfeifen und kaute oder schnupfte ihn. Viele glaubten, er heile Krankheiten, für andere war er ein modisches Statussymbol. Die Nachfrage stieg in atemberaubendem Tempo.

► *Ein Porträt von König Philipp II. (um 1570). Der spanische Monarch interessierte sich für die medizinische Wirkung des Tabaks, weil er damit Profit machen wollte.*

DIE ERSTEN TABAKPLANTAGEN

Spanische und portugiesische Seefahrer gründeten Ende des 16. Jahrhunderts in vielen Regionen der Neuen Welt Tabakfarmen. Da die Nachfrage nach Tabak in Europa stieg, bemühten sich vor allem Spanien und England Anfang des 17. Jahrhunderts entschlossen um einen zunehmend kommerziellen Tabakanbau.

Spaniens warme südliche Kolonialgebiete in Mittel- und Südamerika schienen für den Tabakanbau zunächst sehr geeignet. Die Spanier legten im frühen 17. Jahrhundert Plantagen in Venezuela, Puerto Rico, Kuba und anderen Gebieten an. Ein Großteil der Ernte wurde nach England exportiert, während die Gewinne nach Spanien flossen.

◀ Die Heirat von John Rolfe mit Pocahontas (um 1595–1617), der Tochter von Powhatan, einem wichtigen Häuptling der Algonkin-Indianer, verbesserte die Beziehungen zwischen den Siedlern und den Indianern.

John Rolfe und Jamestown

Einige Engländer versuchten, die Spanier zu überrunden und Tabakplantagen in den nördlicheren englischen Kolonien der Neuen Welt anzulegen. 1609, nach einer Reise über den Atlantik und einem Schiffbruch auf den Bermudas, erreichte ein Händler namens John Rolfe die Stadt Jamestown. Die ums Überleben kämpfende Kolonistenstadt war zwei Jahre zuvor von der Virginia Company gegründet worden und hatte Schreckliches durchgemacht, unter anderem Malaria-Epidemien und Angriffe von Indianern. Zwischen 1609 und 1610 waren rund 80 Prozent der Einwohner an Krankheiten und Hunger gestorben oder von Indianern getötet worden. Zwar wuchs in der Nähe Tabak, aber das Aroma der lokalen Sorte, *Nicotiana rustica*, war für den europäischen Markt zu stark. Rolfe, der von den Bermudas Samen der besseren Sorte *Nicotiana tabacum* mitgebracht hatte, legte eine große Plantage an und exportierte 1612 zum ersten Mal Tabak nach England.

Wenige Jahre später war Rolfe reich. Zwischen 1622 und 1639 stieg der Wert der Tabakexporte nach England von 20 000 auf erstaunliche 1,5 Millionen Pfund, und Ende des Jahrhunderts waren bereits 20 Millionen Pfund erreicht.

Der Sklavenhandel

Die sozialen und wirtschaftlichen Folgen von John Rolfes Anstrengungen für die englischen Kolonien können gar nicht hoch genug eingeschätzt werden. Jamestown und andere Siedlungen wuchsen dank der Einnahmen ihrer Tabakplantagen rapide. Zudem beflügelten diese frühen Plantagen auch den Sklavenhandel, der die Bevölkerungsstruktur in Nordamerika und Westindien für immer verändern sollte.

Die ersten Afrikaner wurden 1619 auf die Plantagen gebracht. Obwohl sie eigentlich keine Sklaven waren, sondern getaufte Christen, die man nicht versklaven durfte, war damit der Anfang für den Sklavenhandel geschaffen, und 1662 führte das Parlament von Virginia die Sklaverei ein.

Das rasche und weitverbreitete Wachstum der Tabakplantagen in den englischen und spanischen Kolonien führte zu einer enormen Produktionssteigerung. Es wurde schwieriger, den Handel zu beaufsichtigen, und die Qualität des Tabaks verfiel. Sowohl Jakob I. von Eng-

land als auch Philipp III. von Spanien erließen Gesetze, um den Tabakhandel zu schützen. Im Jahr 1622 verbot Jakob den Tabakanbau in England, und 1606 befahl Philipp III., die gesamte Tabakernte seiner Kolonien nach Sevilla in Spanien zu verschiffen. Dadurch wurde Sevilla zur Tabakhauptstadt Europas. Im 17. und 18. Jahrhundert wurden darüber hinaus in den englischen Kolonien Maryland und Carolina weitere Tabakplantagen angelegt.

Da Gold und Silber Mitte des 17. Jahrhunderts knapp wurden, benutzte man in vielen spanischen und englischen Kolonialsiedlungen Tabak als Währung. Dieser Brauch sollte sich über die nächsten 200 Jahren halten.

▼ *Afrikaner wurden nach Amerika gebracht, um als Sklaven auf Tabakplantagen zu arbeiten.*

TABAKGEBRÄUCHE

Der größte Teil des Tabaks, den die Neue Welt im 16. und 17. Jahrhundert produzierte, wurde in Spanien zu einfachen Zigarren verarbeitet, während die Engländer die Pfeife bevorzugten. Wie rasch das Pfeiferauchen sich durchsetzte, belegt die Tatsache, dass Tabak schon 1614 in mehr als 7000 Londoner Geschäften verkauft wurde.

◄ *Ende des 17. Jahrhunderts begrenzten in Japan Gesetze die Größe von Pfeifen, da man große, schwere Pfeifen als Waffen verwenden konnte.*

Aber die weitverbreitete Sitte des Tabakrauchens hatte auch Gegner, und zwar nicht nur in Europa, wie etwa Jakob I. von England (siehe Seite 13), sondern auch weltweit. Von Mitte bis Ende des 17. Jahrhunderts meinten viele Kommentatoren und wichtige Kirchenmänner in Europa ironischerweise, das Rauchen sei zwar erlaubt, um Krankheiten zu verhindern und zu heilen, aber unmoralisch, wenn es allein dem Genuss diene. In Russland, Teilen des Nahen Ostens, Japan und China war das Rauchen ganz verboten. Oft wurden gegen Geset-zesbrecher drastische Strafen, sogar die Todesstrafe, verhängt.

Das Zeitalter des Schnupftabaks

Im 17. Jahrhundert wurde der Schnupftabak vor allem bei Adligen immer beliebter, besonders in Spanien und Frankreich. Vielleicht wollten sie damit lokale und nationale Rauchverbote umgehen, oder es missfiel ihnen, dass das Rauchen schon so gewöhnlich geworden war, da auch in der Unterschicht geraucht wurde. Karl II. von England lernte den Schnupftabak während seines Exils in Europa (1647–1660) kennen. Er und sein Hofstaat brachten ihn nach England mit, als die Monarchie dort 1660 wieder eingeführt wurde.

Zunächst blieb das Schnupfen dem Adel vorbehalten, aber der Überlieferung nach kaperten die Engländer 1702 einige spanische Schiffe und bezahlten viele englische Matrosen mit dem Schnupftabak, den sie auf den spanischen Schiffen fanden. Bald wurde Schnupftabak in den Schänken und Geschäften der englischen Hafen- und Küstenstädte verkauft und erreichte so die Massen.

Im 18. Jahrhundert wurde dann der Schnupftabak immer populärer, und Anfang des 19. Jahrhunderts wurde vermutlich mehr Tabak zum Schnupfen als zum Stopfen von Pfeifen, für Zigarren oder als Kautabak benutzt. Zu den vielen Freunden des Tabakschnupfens gehörten auch Beau Brummel, Charles Darwin, Lord Nelson und Napoleon, der angeblich ein bis zwei Pfund in der Woche verbrauchte.

Kautabak

Auch in den amerikanischen Kolonien hatte sich eine Art Hassliebe zum Tabakrauchen entwickelt. Niemand konnte bestreiten, dass der Tabakanbau im 17. und 18. Jahrhundert die meisten darbenden Siedlungen vor dem Untergang bewahrt hatte. Dennoch wurden in verschiedenen Teilen Amerikas ständig neue Gesetze erlassen, die das Pfeiferauchen einschränkten oder verboten. Vielleicht kauten deshalb immer mehr Menschen den Tabak – anstatt ihn zu schnupfen wie die Europäer. Ob es wirklich an den Gesetzen lag, ist schwer zu sagen. Das Tabakkauen war zwar so alt wie das Rauchen und

▲ *Napoleon in seinen Gemächern, gemalt von Jacques Onfroy de Breville. Napoleon war ein eifriger Schnupfer und besaß zahlreiche schöne Tabakdosen.*

Schnupfen, wurde aber durch kreative Innovationen weiterentwickelt: Die Kolonisten aromatisierten den Tabak mit Whisky, Schokolade und anderen Substanzen. Um die Jahrhundertwende war das Kauen zumindest im Süden Amerikas die bei Weitem häufigste Art des Tabakkonsums. Global betrachtet begann sich jedoch ein anderes Produkt durchzusetzen: die Zigarre.

◀ *„Tabak und Schnupftabak aller Art zu verkaufen." Ein Kupferstich aus dem 18. Jahrhundert.*

DIE ERSTEN „SEGARS"

Die Meinungen darüber, wann die ersten Zigarren in großer Menge produziert wurden, gehen ein wenig auseinander. Allgemein gilt aber die spanische Stadt Sevilla als Geburtsort der modernen Zigarre in der ersten Hälfte des 18. Jahrhunderts, und die Zigarre eroberte in den folgenden 50 Jahren von dort aus ganz Europa.

Nachdem Philipp III. von Spanien 1606 befohlen hatte, den gesamten in den Kolonien geernteten Tabak nach Sevilla zu verschiffen, wurde die Stadt zur europäischen Hauptstadt des kubanischen Tabaks. Hier entstanden auch die ersten Zigarrenmanufakturen. Es gibt keine genauen Hinweise darauf, wer die dort produzierten Zigarren erfand, die man damals „Sevillas" nannte. Zwar rauchten viele vorkoloniale Kulturen Tabakblätter, die sie in Maishüllblätter oder Palmblätter wickelten, aber mit den sorgsam von Hand gefertigten modernen Zigarren hatten diese Produkte wenig gemein.

▲ *Eine Darstellung der Feierlichkeiten am Ende des Siebenjährigen Krieges im Jahr 1763. Um die Kriegskosten zu decken, verlangte England von seinen Kolonien hohe Steuern, die schließlich den Unabhängigkeitskrieg auslösten.*

Zigarren in Großbritannien

Obwohl Ende des 18. und Anfang des 19. Jahrhunderts auch nördlich von Spanien Zigarrenfabriken entstanden, vor allem in Frankreich und Deutschland, blieben Zigarren in England bis zum spanischen Unabhängigkeitskrieg (1808–1814) relativ unbekannt. Großbritannien, Portugal und Spanien verbündeten sich damals, um die in Spanien eingedrungenen Truppen Napoleons zu vertreiben. Die entsandten britischen Soldaten rauchten

◄ *Der amerikanische Offizier und Farmer Israel Putnam (1718–1790) brachte aus Havanna Zigarren und Tabaksamen nach Connecticut.*

dabei gern Sevillas, die sie „Segars" nann-
ten und deren Beliebtheit nach ihrer Rückkehr in der Heimat rasch zunahm. Bald
entstanden auch in Großbritannien Zigarrenmanufakturen, wobei einige sich die
neuen technischen Errungenschaften der
gerade einsetzenden industriellen Revolution zunutze machten. Das schnelle
Wachstum der Zigarrenindustrie führte
1821 zu einem Gesetz, das die Zigarren-
produktion regulierte.

*▲ Während des spanischen Unabhängigkeitskrieges
(1808–1814) begannen britische Soldaten, die an
der Seite der Spanier kämpften, spanische Zigarren,
Sevillas genannt, zu rauchen.*

Zigarren in Amerika

Das Aufkommen der Zigarre im kolonialen
Nordamerika ist schwerer nachvollziehbar.
Eine Theorie besagt, dass Israel Putnam,
der später General im Unabhängigkeitskrieg wurde, die Zigarre in Amerika bekannt machte. Es heißt, er habe 1762 im
Siebenjährigen Krieg (1756–1763) an der
Seite der Briten Havanna eroberte. Als er
nach Connecticut zurückkehrte, wo er eine

Schänke und eine Farm besaß, brachte
er einige kubanische Zigarren und Tabaksamen mit. Die Zigarren verkaufte er in
der Schänke, und mit dem Saatgut legte
er Tabakplantagen in der Umgebung von
Hartford an. So entstand das berühmte
Connecticut-Shade-Blatt, das man heute
als Deckblatt für einige der edelsten Zigarren der Welt verwendet.

Es gibt zwar einige Belege für diese
Theorie, aber ein echter Ersatz für Pfeifen-
und Kautabak wurde die Zigarre in Amerika erst viel später. Es sollten noch eine
Revolution, ein Krieg in Mexiko und ein
Bürgerkrieg, der mehr als 600 000 Soldaten das Leben kostete, übers Land ziehen,
bevor sie ihren Siegeszug antreten konnte.

TABAK, REVOLUTION UND KRIEG

Im amerikanischen Unabhängigkeitskrieg waren Tabakanbau und Tabakkonsum äußerst wichtige Faktoren. In vielen Tabak anbauenden Kolonien, vor allem in Virginia, wurde der Krieg schlicht als „Tabakkrieg"
bezeichnet, und George Washington, der amerikanische Oberbefehls-
haber und spätere erste Präsident der USA, war selber Tabakpflanzer.

Der Hauptgrund für den amerikanischen Unabhängigkeitskrieg
(1775–1783) waren, etwas ver-
einfacht betrachtet, die Kosten, die der
Siebenjährige Krieg (1756–1763) verursacht hatte. In diesem Krieg hatten britische und koloniale Truppen die Franzosen
aus Nordamerika vertrieben und die mit
ihnen verbündeten Indianer besiegt. Den
Spaniern wurde Florida im Austausch für
Kuba abgenommen.

▲ *Diese Karte aus dem Jahr 1783 zeigt den amerikanischen Präsidenten George Washington (links)
und Benjamin Franklin, einen der Gründerväter
der USA (rechts).*

„Ohne Vertretung keine Besteuerung"

Die britische Regierung unter Georg III.
zwang den Kolonien, von denen viele der
Meinung waren, sie hätten für den militä-
rischen Schutz der Briten bereits genug
bezahlt, immer höhere Steuern auf. Dies
hatte eine enorme Verschuldung vieler
Siedler zur Folge, nicht zuletzt der Tabakpflanzer, was in den 13 Kolonien den
Wunsch nach Unabhängigkeit weckte. Davon zeugt auch der berühmte Ausspruch
„Ohne Vertretung keine Besteuerung".

Der Tabak trug gewiss zur Finanzierung
des bevorstehenden Krieges gegen die
Briten bei. Benjamin Franklin erhielt beispielsweise einen Kredit von Frankreich
gegen fünf Millionen Pfund Tabak als
Sicherheit, und als der Krieg vorbei war,
half die Tabaksteuer, einen Großteil der
Kriegsschulden zu tilgen.

Der mexikanische Krieg und der amerikanische Bürgerkrieg

Zigarren waren in Nordamerika bis Mitte
des 19. Jahrhunderts ziemlich unbekannt,
vor allem im Süden, wo der weitaus
größte Teil der Ernte zu Kautabak verarbeitet wurde. Da jedoch viele amerikanische Soldaten im mexikanischen Krieg

(1846–1848) in Texas dienten, wo *cigarros* und *cigarillos* viel gebräuchlicher waren, nahm die Beliebtheit der Zigarre ab diesem Zeitpunkt zu.

Zur Zeit des amerikanischen Bürgerkrieges (1861–1865) galten Zigarren, besonders „Havannas" (so hießen die Zigarren aus kubanischem Tabak), zunehmend als Statussymbole, obwohl es vor allem im Süden noch einige Jahre dauern sollte, bis die Zigarre den Kautabak an Popularität übertraf. An viele Soldaten der Nordstaaten-Union wurden damals zum ersten Mal von der Armee Tabakrationen ausgeteilt, was die Beliebtheit des Tabaks ebenfalls steigerte.

Ende des 19. Jahrhunderts hatte die Zigarre sich schließlich in der nordameri-

▲ Soldaten der Union, fotografiert im amerikanischen Bürgerkrieg (1861–1865), rauchen Tabak. Diese Gewohnheit hatten sie sich während ihres Einsatzes im Süden zugelegt.

kanischen Gesellschaft durchgesetzt. Zahlreiche Zigarrenfabriken, die sowohl kubanischen als auch amerikanischen Tabak verwendeten, entstanden in vielen Landesteilen, aber hauptsächlich in Florida, der Heimat von Ybor City in Tampa (siehe Seite 28–29).

▶ Eine Lithografie, auf der die 1847 stattgefundene Schlacht von Buena Vista im mexikanischen Krieg dargestellt ist. Viele junge amerikanische Soldaten lernten damals zum ersten Mal Zigarren und Zigarillos kennen.

ZIGARREN IN EUROPA

In Europa hatte die feine Gesellschaft die Zigarre Mitte des 19. Jahrhunderts weitgehend akzeptiert. In den folgenden 50 Jahren nahm ihre Beliebtheit weiter zu, und in England zogen sich sogar Damen nach dem Dinner zurück, um ihre Zigarre und einen Portwein oder Brandy zu genießen.

◀ *Die wachsende Beliebtheit des Zigarrenrauchens führte zur Produktion hochwertiger Accessoires, wie man am Beispiel dieses versilberten Anzünders sehen kann.*

Preise. Sie zeugen nicht nur vom zunehmenden Reichtum der wachsenden Mittelschicht, sondern auch vom Status, den eine gute Zigarre ihrem Besitzer verschaffte.

Mode und Königshaus

Das Zigarrenrauchen beeinflusste sogar die Mode. Viele englische Gentlemen beispielsweise trugen zu Hause im Beisein von Freunden *smoking jackets*, wenn sie abends eine Zigarre genossen. Diese oft bunten Jacken bestanden aus Samt, Seide, Kaschmir oder dekorativ gemustertem Flanell

D ie vielen Zigarrenaccessoires aus der viktorianischen Zeit, die man heute kaufen oder im Internet ersteigern kann, sind ein Beweis dafür, dass die Zigarre Ende des 19. Jahrhunderts in vielen Ländern Europas als schick galt. Exquisite handbemalte Zigarrenkisten aus Pappmaschee, vergoldete Zigarrenanzünder mit Familienwappen und reich verzierte Zigarrenabschneider aus Messing, Silber und Gold sind leicht erhältlich und erzielen meist sehr hohe

▶ *Eduard VII. von England genießt eine Zigarre. Man erzählt, er habe einen Tag nach seiner Blinddarmoperation eine Genesungszigarre geraucht.*

und wurden meist zusammen mit einer randlosen Mütze getragen, die einem Fes ähnelte und verhinderte, dass der Rauch ins Haar einzog. In England trug auch der Prinz von Wales zur Popularisierung der Zigarre bei, denn er war nicht nur der künftige König (als Eduard VII.), sondern galt auch als Vorreiter in Sachen Mode.

Der Prinz begründete die Sitte, beim Dinner eine Art gekürzten Frack zu tragen. Als James Brown Potter, ein amerikanischer Geschäftsmann, zu einem formellen Essen des Prinzen eingeladen wurde, zog er eine ähnliche halb formelle Smokingjacke an, gefertigt nach Vorschlägen des Prinzen. Diese Jacke war viel bequemer als ein Frack und wurde in England zum Hit. Als Potter nach New York zurückkehrte – er lebte in einem vornehmen Bezirk namens Tuxedo Park –, führte er die Smokingjacke in seinen Kreisen ein, was einige Monate lang in den feinen New Yorker Restaurants für hochgezogene Augen-

▲ Im 19. Jahrhundert waren Raucherklubs in England populär. Dort versammelten sich Männer, um zu plaudern, zu trinken und zu rauchen. Das Zigarrenrauchen war jetzt in der feinen Gesellschaft etabliert.

brauen sorgte. So wurde der Anzug im englischen Sprachraum als *tuxedo* bekannt. Bei uns heißt er schlicht „Smoking".

In ganz Europa wurden in Zügen Raucherwaggons und in Klubs und Hotels Raucherzimmer eingeführt – ein weiterer Beleg für die Beliebtheit der Zigarre. Zigarren aus Kuba galten als die besten von allen. Die Popularität kubanischer Zigarren lässt sich wohl auf Ferdinand VII. von Spanien zurückführen, der in den 1820erund 1830er-Jahren die Produktion und den Import kubanischer Zigarren förderte. Da der Staat sich das Monopol vorbehielt, brachte der Verkauf viel Geld ein. Die Geschichte der Zigarre verlagert sich also wieder in die Karibik.

KUBA UND DER TABAK

Tabak wurde in Kuba zum ersten Mal in der zweiten Hälfte des 16. Jahrhunderts angebaut. Damals war die Insel eine spanische Kolonie. In den folgenden drei Jahrhunderten entstanden überall auf der Insel Plantagen, da der europäische Tabakmarkt rasch wuchs.

◄ *So sah ein Künstler eine kubanische Tabakplantage Ende des 19. Jahrhunderts. Damals wurden bereits Millionen von Zigarren exportiert.*

Die ältesten kubanischen Tabakplantagen befanden sich am Ufer des Flusses Almendares, der bei Havanna ins Meer mündet. Man schätzt, dass Kuba im Jahr 1602 etwa 20 000 Einwohner hatte, von denen rund 14 000 als Farmer in Havanna oder im Umkreis davon lebten. Ihr Hauptanbauprodukt war zwar Rohrzucker, aber Tabak stellte aufgrund der mit ihm erzielten Gewinnspannen eine wichtige Einkommensquelle dar.

Der lange Arm Spaniens

Die Spanier erkannten, wie wichtig es war, die Tabakindustrie zu kontrollieren, und erließen im 17. und 18. Jahrhundert zahlreiche Gesetze, die den Anbau und Verkauf von Tabak einschränkten, Schmuggel streng bestraften und sicherstellten, dass die Krone viel Geld verdiente. Im Jahr 1603 wurde der Verkauf von Tabak an Nichtspanier mit dem Tode bestraft. 1614 hob man zwar einige Einschränkungen wieder auf, doch der gesamte Tabak musste nach Sevilla exportiert werden, wo 1620 dann auch die erste Tabak verarbeitende Fabrik entstand. Damals waren die meisten Tabakpflanzer Spanier von den Kanaren und aus anderen spanischen Regionen, die auf Anraten der Regierung nach Kuba ausgewandert waren, um mit dem neuen und wichtigen Produkt Geld zu verdienen.

Der *Estanco de Tobacco*

Die ständige und oft brutale Einmischung durch Spanien gipfelte 1715 in der Einführung einer offiziellen Monopolbehörde, *Estanco de Tobacco* (oder *Factoria*) genannt, die den gesamten kubanischen Tabak zu einem festgelegten Preis kaufte. Dies löste einen Aufstand der *vegueros* (Tabakpflanzer) aus. Weitere Revolten gab es 1720 und 1723. Sie zwangen den Gouverneur, nach Spanien zu fliehen. Doch der Aufstand war kurzlebig: Kaum waren neue Truppen aus Spanien eingetroffen,

▲ Die Fabrik Partagás in Havanna, gegründet 1845. Im Jahr 1900 produzierte sie 18–20 Millionen Zigarren im Jahr.

wurden die Anführer zusammengetrieben und hingerichtet. Längerfristig führten aber der Zorn der Tabakanbauer und der anderen spanischen Siedler, die ständigen Machtverschiebungen in Europa sowie Kubas finanziell wichtige Beziehungen zu den Vereinigten Staaten dazu, dass die spanische Regierung die Handelsgesetze nach und nach lockerte.

Vom Tabak zu den Zigarren

Man darf nicht vergessen, dass die meisten Zigarren, die bis Anfang des 19. Jahrhunderts in Europa geraucht wurden, in europäischen Fabriken aus kubanischem Tabak hergestellt wurden. Nur wenige Zigarren wurden in Kuba selbst produziert. Doch das sollte sich bald ändern. 1817 hob Spanien mit dem *Decreto Real*

den *Estanco* auf und erlaubte ausländischen Privatfirmen, kubanische Zigarren und Tabak herzustellen und zu verkaufen. Zusammen mit der in Europa wachsenden Beliebtheit der auf der Insel gefertigten hochwertigeren Zigarren löste diese Maßnahme ein enormes Wirtschaftswachstum in Kuba aus. 1827 wurden fast eine halbe Million Zigarren exportiert, 1836 schon fünf Millionen. Bald darauf entstanden einige der langlebigsten kubanischen Zigarrenmarken, etwa Punch (1840) Partagás (1845) und H. Upmann (1844).

▶ Dieser Stich zeigt den Hafen von Havanna im Jahr 1720. Damals erhoben sich die Tabakpflanzer wegen der aufgezwungenen Verkaufspreise gegen den Gouverneur.

KUBAS UNABHÄNGIG-KEITSKAMPF

Im Jahr 1827 gab es in Kuba 5500 Tabakplantagen, und diese Zahl stieg bis 1859 auf 9500 an. Im ganzen Land entstanden Zigarrenfabriken – Mitte des 19. Jahrhunderts waren es bereits 1300. Die Zigarre wurde Kubas Nationalsymbol, und fast alle kubanischen Industriellen stellten Zigarren her.

◀ *Amerikanische Freiwillige versammeln sich 1851 in einem der vielen Feldlager in Florida. Sie waren Teil einer Bewegung, die Kubas Loslösung von Spanien unterstützte.*

Die Rolle der Zigarrenarbeiter im kubanischen Unabhängigkeitskampf, der 1902 zum Erfolg führte, ist schwer einzuschätzen. Sie bildeten die Mehrheit der Arbeiterklasse, und dank der Beschäftigung von *lectores* (Vorleser) in den Fabriken waren sie erstaunlich gut informiert. *Lectores* wurden zuerst in der Zigarrenfabrik El Figaro in den 1860er-Jahren eingesetzt, um die etwa 300 Arbeiter zu unterhalten. Man las ihnen die Romane der damals berühmten Autoren vor, aber auch Zeitungsartikel und Flugblätter. Als der Kampf für die Unabhängigkeit um die Jahrhundertwende härter wurde, lasen die *lectores* immer häufiger auch politische Texte vor, damit die Arbeiter auf dem neusten Stand waren.

Obwohl Amerika offiziell eine neutrale Haltung zu Kuba einnahm, forderten einflussreiche Leute in den Südstaaten, Kuba zu annektieren. Ihnen schlossen sich die reichen kubanischen Plantagen- und

Fabrikbesitzer sowie die Arbeiter an.
Die zunehmenden Konflikte (später
„Zehnjähriger Krieg" genannt) zwischen
den Unabhängigkeitskämpfern und den
spanischen Truppen nebst ihren kubanischen Verbündeten sowie die hohen
amerikanischen Zölle, die den Preis der
kubanischen Zigarren in die Höhe trieben,
führten dazu, dass zahlreiche Zigarrenhersteller ihre Fabriken in die USA (siehe
Seite 28–29) und nach Kingston in Jamaika verlegten. Viele von ihnen unterstützten den Kampf gegen Spanien. José Martí,
einer der Schlüsselfiguren im kubanischen
Unabhängigkeitskampf und heute ein Na-
tionalheld, soll den Befehl zu einem großen Aufstand in einer Zigarre von Key
West nach Kuba geschmuggelt haben –
eine ausgesprochen symbolische Tat.

▲ *Kubanische Kämpfer,* mambises *genannt, im*
Unabhängigkeitskrieg von 1895. Die spanischen
Truppen waren fünfmal so stark.

Der spanisch-amerikanische Krieg
Kubas Kampf um Unabhängigkeit, der das
Land zunehmend instabil machte, löste
in den USA ernste Besorgnis aus. Als Reaktion auf eine amerikanische Drohung
erklärte Spanien dem Land im April 1898
den Krieg. Der folgende spanisch-amerikanische Krieg dauerte zwar nur von April
bis August jenes Jahres, beendete aber
die spanische Herrschaft in der gesamten
Karibik. Im Jahr 1902 war Kuba endlich
ein unabhängiges, wenn auch instabiles

Land, das wegen der jahrhundertelangen
spanischen Misswirtschaft mit enormen
sozialen und finanziellen Problemen zu
kämpfen hatte.

Nach der Niederlage Spaniens beherrschten nach und nach amerikanische
Firmen (meist von den kubanischen Zigarrenfamilien geführt) Kubas Zigarrenindustrie, die eine gewaltige Umstrukturierung
durchlief. Die Zahl der Fabriken sank von
über 1000 in den 1850er-Jahren auf etwa
120 im Jahr 1900.

▼ *Amerikanische Soldaten landen 1898, im letzten*
Jahr des Unabhängigkeitskrieges, in Kuba. Der
nächste Konflikt, der spanisch-amerikanische Krieg,
beendete die spanische Herrschaft.

YBOR CITY UND DIE INVASION IN KUBA

Die sozialen Unruhen in Kuba während des Unabhängigkeitskampfes und der hohe amerikanische Zoll auf kubanische Zigarren führten dazu, dass viele kubanische Zigarrenhersteller ihre Fabriken nach Florida verlegten, vor allem nach Key West und Tampa. Eine Vorreiterstellung nahm dabei der Fabrikant Vicente M. Ybor ein.

Vicente Martinez Ybor wurde 1820 in Valencia, Spanien, geboren. Als er 14 Jahre war, wanderten seine Eltern nach Kuba aus, wo der junge Vicente sich für die Zigarrenherstellung zu interessieren begann. Nachdem er als Zigarrenverkäufer Fachkenntnisse erworben hatte, beschloss er 1853, in Havanna seine eigene Tabakfabrik zu eröffnen. Als die Unruhen in Kuba zunahmen, erkannte er jedoch, dass die Zukunft seines Unternehmens in den USA lag.

Von Key West nach Tampa

1869 verlegte Ybor seine Fabrik mitsamt der Belegschaft nach Key West in Florida. Er war recht erfolgreich, aber der Mangel an Arbeitskräften und Süßwasser sowie die schlechte Transportinfrastruktur hemmten das Wachstum. Darum begann Ybor, andere Standorte zu suchen.

Ein Spanier namens Gavino Gutierrez, der mit Zitrusfrüchten handelte und Florida daher gut kannte, überredete Ybor und Ignacio Hoya, einen anderen Fabrikbesitzer, die Kleinstadt Tampa als potenziellen Standort für Zigarrenfabriken zu prüfen. Tampa war seit Kurzem mit der Haupteisenbahnlinie verbunden, und der Unternehmer Henry B. Plant, der dafür gesorgt hatte, wollte auch den Hafen der Stadt

▼ *Der Hafen von Tampa, Florida, 1904. Nach den sozialen Unruhen als Folge des kubanischen Unabhängigkeitskrieges wanderten viele Zigarrenhersteller nach Key West und Tampa in Florida aus.*

ausbauen. Dank dieser neuen Handelswege konnte Ybor allen Tabak, den er brauchte, aus Kuba importieren und seine Zigarren in den amerikanischen Norden liefern. Das feuchte Klima war für die Zigarrenherstellung gut geeignet, und es gab genug Süßwasser. 1885 kaufte Ybor 40 Morgen Land am Stadtrand von Tampa und baute eine neue Fabrik. 1886 brannte seine Fabrik in Key West ab, und so verlegte er seine gesamte Produktion nach Tampa.

▲ *Die Zigarrenfabrik Ybor City in Tampa, Florida. Diese große Fabrik wurde in den 1890er-Jahren zu einer Stadt, die bis zur Depression von 1929 blühte.*

Die Zigarrenhauptstadt der Welt

Ybors Fabrik in Tampa und die Unterkünfte, die er für seine Arbeiter und ihre Familien baute, wuchsen rasch. Zwischen 1880 und 1890 stieg die Einwohnerzahl Tampas und der neuen Ybor City von 800 auf über 5000. Ybor City wurde zu einer blühenden, geschäftigen, multiethnischen Stadt, deren Einwohner aus Kuba, Spanien und anderen europäischen Ländern stammten. Im Jahr 1900 erzeugte die Stadt mehr handgefertigte Zigarren aus kubanischem Tabak als Havanna.

In den 1920er-Jahren wuchs Ybor City weiter, doch die Depression von 1929 und die zunehmende Beliebtheit der billigen, in Massen produzierten Zigarette dämpfte die Nachfrage nach kubanischen Zigarren. In den 1940er- und 1950er-Jahren verließen viele Einwohner Ybor City, um anderswo Arbeit zu suchen, und Mitte der 1960er-Jahre wurde ein Teil der Altstadt abgerissen, um Platz für eine Autobahn zu schaffen.

◄ *Das Museum von Ybor City bewahrt die Erinnerung an vergangene Größe: In ihrer Blütezeit wurden in der Stadt über 250 Millionen Zigarren jährlich produziert, und ein halbes Jahrhundert lang galt Ybor City als Zigarrenhauptstadt der Welt.*

KISTEN UND BAUCHBINDEN

Während die kubanische Zigarrenindustrie wuchs und im 19. Jahrhundert reorganisiert wurde, entstanden nach und nach Marken. Die Geschichte der meisten wichtigen Marken wird in Kapitel 3 behandelt. Hier geht es um die Verpackung und die Bauchbinden der markenlosen Zigarren und die vorzüglichen Lithografien auf den Etiketten.

◀ *Eine kubanische Fabrikarbeiterin baut um 1910 Zigarrenkisten zusammen. Bevor man Kisten verwendete, wurden Zigarren bündelweise in Schweinsblasen verkauft.*

Über die erste Zigarrenkiste ist nichts Näheres bekannt, aber die Idee wird meist der Marke H. Upmann zugeschrieben. Man erzählt, der deutsche Bankier Hermann Upmann, der in Havanna eine Bank besaß, hätte kleine Zedernkisten mit je 25 Zigarren gefüllt, mit dem Stempel „H. Upmann" versehen und an seine besten Kunden verschenkt. Die Zigarren und ihre Kisten waren so beliebt, dass Upmann 1844 seine eigene Fabrik gründete und eine eigene Marke einführte.

Kistenkunst

Die Lithografie wurde in Kuba um 1827 eingeführt; in diesem Jahr entstand der *Havana Lithographic Workshop*. Die erste Zigarrenmarke, bei der dieses Druckverfahren benutzt wurde, um die Kisten zu schmücken, war Ramón Allones, eine Marke, die zwei spanische Brüder, Ramón und Antonio, 1845 einführten. Die verzierten Kisten förderten den Verkauf und trugen einen Registrierstempel. Dazu waren alle Hersteller gesetzlich verpflichtet. Als das Steindruckverfahren besser wurde, tauchten immer buntere und kunstvollere Kis-

B evor es Markenzigarren und große Fabriken gab, rollten die kubanischen Tabakfarmer die Zigarren noch selbst und wurden dafür von Zigarrenmaklern bezahlt. Anschließend wurden die Zigarren in riesigen Zedernkisten, die 5000 bis 10 000 Zigarren enthalten konnten, nach Europa verschifft. Obwohl diese Zigarren insgesamt besser waren als die europäischen und den gefragten kubanischen Tabak enthielten, schwankte ihre Qualität.

▲ *H. Upmanns Zigarrenfabrik in Havanna. Up-*
mann gründete 1844 seine eigene Fabrik. Ihm wird
die Einführung der Zigarrenkiste zugeschrieben.

ten auf. Um 1880 gab es sogar vergoldete Exemplare. Auf den heutigen Kisten mit kubanischen und nichtkubanischen Zigarren findet man Stempel aller Art, die über das Produktionsverfahren, den Hersteller, das Jahr der Tabakernte und mehr informieren (siehe Seite 72–73).

Bauchbinden

Man nimmt an, dass der in den 1830er-Jahren in Havanna tätige niederländische Zigarrenfabrikant Gustave Bock die Bauchbinde einführte. Mit diesen Banderolen wollte er seine Zigarren von anderen Marken abheben und europäische Händler davon abhalten, nichtkubanische Zigarren zu verkaufen. Die Bauchbinde verhinderte zudem, dass vornehme Raucher ihre weißen Handschuhe beschmutzten.

Die meisten Markenzigarren stecken in Aluminiumröhren und sind oft in ein

dünnes Blatt aus Zedernholz gehüllt. Sie führen die Bezeichnung „Tubos" (= Röhren) im Namen und haben meist dieselbe *vitola* (Format) wie andere Zigarren derselben Serie; aber durch die Aufbewahrung in Aluminiumröhren sind sie runder, weil Zigarren in Kisten etwas flach gedrückt werden.

▶ *Eine moderne Grafik auf einer Zigarrenkiste von*
Ramón Allones. Allones war der erste Hersteller, der
seine Kisten in den 1840er-Jahren verzierte.

DIE KUBANISCHE REVOLUTION

Als Fidel Castro 1959 General Fulgencio Batista besiegte, setzte er eine marxistische Politik durch und verstaatlichte sowohl kubanische als auch ausländische Unternehmen, darunter auch die vielen amerikanischen Zigarrenfabriken. Sie alle unterstanden fortan der staatlichen Monopolbehörde Cubatabaco.

Präsident Dwight D. Eisenhower ärgerte sich darüber, dass Castro amerikanischen Besitz auf der Insel enteignete, und nach der missglückten Invasion in der Schweinebucht 1961 – vom CIA angeheuerte Exilkubaner hatten versucht, Castro zu stürzen – verschlechterten sich die Beziehungen zwischen den USA und Kuba noch mehr. Zum Schutz vor weiteren Angriffen verbündete sich Castro mit der Sowjetunion, die 1962 versuchte, in Kuba Atomraketen zu stationieren.

Als Reaktion auf Castros Politik verhängten die USA unter Präsident John F. Kennedy 1962 ein Embargo gegen Kuba, das die Einfuhr kubanischer Waren in die USA verbot. Am Abend vor dem Inkrafttreten des Embargos kaufte Kennedys Pressesprecher Pierre Salinger allerdings 1200 H. Upmann Petit Coronas für seinen Chef. Anfang 1962 hoffte man noch, das Embargo werde kubanische Zigarren verschonen, aber Salinger zufolge verriet Kennedy: „Die Zigarrenhersteller in Tampa waren dagegen. Anscheinend haben wir kein Glück."

Nach der Revolution

Kubas Zigarrenindustrie litt trotz der Verstaatlichung in den folgenden 30 Jahren relativ wenig unter dem amerikanischen Embargo. Zwar fiel die Zahl der Marken von 140 im Jahr 1959 auf unter 40 im Jahr 1962, aber die exportierte Menge blieb recht konstant. Nach einem Exportrückgang zwischen 1961 und 1963 erholte sich die Industrie, und der Rest der Welt konnte (und kann) Kubas Premium-Zigarren genießen. Meist überstieg die Nachfrage sogar die Produktion.

Das vielleicht einschneidendste Resultat des Embargos war, dass ehemalige kuba-

▶ *Fidel Castro genießt eine Zigarre. Er rauchte Cohibas, die zu den edelsten Zigarren der Welt gehören.*

▲ Frauen stehen 1964 Schlange für Lebensmittel. Trotz der Not, die das amerikanische Embargo auslöste, blieb die kubanische Zigarrenindustrie gesund.

nische Zigarrenproduzenten, zum Beispiel die Familien Palicio, Cifuentes und Menéndez, daraufhin Fabriken außerhalb Kubas bauten. Als Folge davon besaßen viele bekannte kubanische Marken (die meisten werden in Kapitel 3 besprochen) plötzlich Doppelgänger mit gleichen oder ähnlichen Namen, was auf dem internationalen Markt für eine gewisse Verwirrung sorgte.

Die „besondere Phase im Frieden"

Viel größere Sorgen bereitete den kubanischen Zigarrenherstellern die Auflösung der Sowjetunion 1991. In der zweiten

Hälfte des 20. Jahrhunderts hatte sich Kuba fast ganz auf die Sowjetunion als Exportmarkt verlassen und von ihr auch wichtige Importgüter bezogen, vor allem Öl. Ohne Unterstützung des Comecon (auch bekannt als „Rat für gegenseitige Wirtschaftshilfe" der sozialistischen Länder) trat Kuba in eine von Castro als „besondere Phase im Frieden" deklarierte Zeit ein. Es gab große Veränderungen in der Landwirtschaft, die Benutzung von Autos und Bussen wurde drastisch eingeschränkt, die Ernährung wurde vegetarischer, und bestimmte Güter wurden streng rationiert. So gelang es den Kubanern, Hungersnöte und Krankheiten zu verhindern.

Auch davon blieb die Zigarrenindustrie jedoch ziemlich unberührt, und obwohl der Export 1993 auf etwa 50 Millionen Stück fiel, stieg er Ende der 1990er-Jahre stetig an und erreichte 1999 fast 150 Millionen. Solch hohe Produktionsmengen ließen die kubanischen Zigarren allerdings beträchtlich an Qualität einbüßen.

◀ Präsident Kennedy 1960 mit seinem Pressesprecher Pierre Salinger. Salinger kaufte am Abend vor dem Embargo für seinen Chef kubanische Zigarren.

KUBAS TABAK-ANBAUGEBIETE

Kubanische Zigarren wurden im Laufe ihrer Geschichte vor allem deshalb gefeiert, weil der kubanische Tabak allgemein als der beste der Welt gilt – obwohl viele Tabakpflanzer in anderen Ländern dies natürlich bestreiten. Doch warum ist diese karibische Insel eigentlich so gut für den Tabakanbau geeignet?

E s gibt zwar einige Tabakanbaugebiete im Osten und im Zentrum Kubas, aber die bei Weitem bedeutendste Region befindet sich am westlichen Ende der Insel. Dort liegt Pinar del Río, Kubas westlichste und drittgrößte Provinz.

Die fast 11 000 Quadratkilometer große Provinz hat ungefähr 750 000 Einwohner, von denen die meisten entweder direkt oder indirekt mit dem Tabakanbau zu tun haben. Die Region erzeugt alleine rund 70 Prozent des gesamten kubanischen Tabaks.

Vuelta Abajo

Durch Pinar del Río zieht sich eines der drei größten kubanischen Gebirge, die Cordillera de Guaniguanico, die man in die östliche Sierra del Rosario und die westliche Sierra de los Órganos einteilt. Zwischen den Bergen befinden sich flache, fruchtbare Täler mit rotem, sandigem Lehmboden, der für den Tabakanbau ideal ist. Vor allem die Region Vuelta Abajo wird gerühmt.

Vuelta Abajo umfasst etwa 40 Hektar und besteht aus *vegas* (kleine Plantagen), von denen die meisten zwei bis vier Hektar

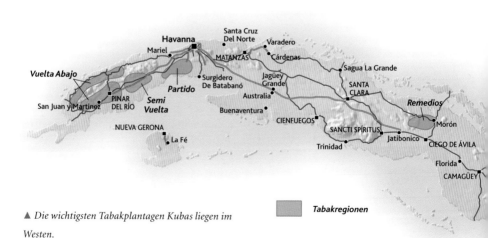

▲ *Die wichtigsten Tabakplantagen Kubas liegen im Westen.*

Tabakregionen

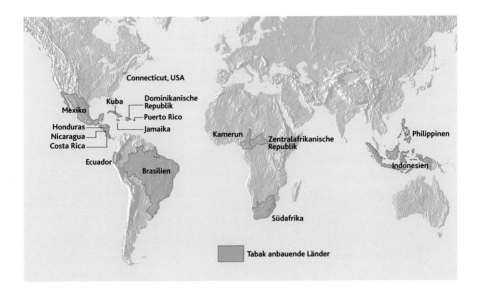

Connecticut, USA

Mexiko Kuba Dominikanische Republik
Puerto Rico
Honduras Jamaika
Nicaragua Kamerun Zentralafrikanische Philippinen
Costa Rica Republik
Ecuador Indonesien
Brasilien

Südafrika

Tabak anbauende Länder

▲ *Die Karte zeigt die wichtigsten Tabak anbauenden Länder der Welt. Für Premium-Zigarren wird nur der hochwertigste Tabak verwendet.*

groß sind, einige auch bis zu 60 Hektar – mehr Land darf ein *veguero* (Kleinbauer) nicht besitzen. In der Vuelta Abajo liegt ein kleines Gebiet, das wegen seines Tabaks besonders bekannt ist. Dort werden auf etwa 1000 Hektar die hochwertigsten Deckblätter erzeugt, während rund 2000 Hektar Einlagen und Umblätter liefern. In dieser kleinen Region hegt Alejandro Robaina, Kubas berühmtester Tabakfarmer, seine Pflanzen.

Sonne und Regen

Die hohe Qualität des Tabaks aus Pinar del Río ist nicht nur dem fruchtbaren Boden und der hügeligen Landschaft zu verdanken, sondern auch dem Klima. In der Wachstumszeit – Oktober oder November bis Februar – scheint durchschnittlich acht Stunden am Tag die Sonne, und die Luft ist sehr feucht – es herrschen also ideale Bedingungen. Jährlich fallen im Durchschnitt 170 cm Regen, in der Wachstumsphase aber nur 23 cm, was ebenfalls ideal ist.

Ein anderes wichtiges Anbaugebiet in Pinar del Río ist Semi Vuelta. Der dortige Tabak schmeckt strenger und wird meist in Kuba selbst verkauft. Auch südwestlich von Havanna gibt es Tabakplantagen. Diese Region, Partido genannt, erzeugt Tabak für Premium-Zigarren. Die anderen Gebiete, Remedios im Zentrum und Oriente weit im Südosten, produzieren Tabak für den Massenexport und für Zigaretten.

Gibara
LAS TUNAS HOLGUIN
Oriente
Mayarí
BAYAMO Baracoa
Contramaestre
Barranca Palma Soriano GUANTÁNAMO
Yara
El Cobre SANTIAGO Caimanera
DE CUBA
Oriente

DOMINIKANISCHE REPUBLIK

Als die USA 1962 ein Embargo gegen Kuba verhängten, verlor das Land über Nacht seinen wichtigsten Absatzmarkt für Zigarren. Da zudem Verstaatlichung drohte, suchten einige kubanische Zigarrenhersteller, darunter viele Amerikaner, nach anderen Standorten. Viele ließen sich in der Dominikanischen Republik nieder.

Die Dominikanische Republik liegt in den östlichen zwei Dritteln der Karibikinsel Hispaniola, deren Westen Haiti bildet. Wie in Kuba wird auch hier seit Tausenden von Jahren Tabak angebaut und geraucht, nämlich von den Taíno, den Ureinwohnern der Insel. Auch die Dominikanische Republik wurde 1492 von Kolumbus entdeckt, und bald nutzte Spanien die Insel als Basis, um Mittel- und Südamerika zu kolonisieren.

Die Dominikanische Republik ist rund 48 500 Quadratkilometer groß und hat etwa neun Millionen Einwohner. Sie besitzt ähnliche Klima- und Bodenverhältnisse wie das benachbarte Kuba. Tabak wird hier seit Beginn des 20. Jahrhunderts kommerziell angebaut, anfangs nur für Zigaretten. In den 1970er- und 1980er-Jahren wurde Santiago, die zweitgrößte Stadt, zur Freihandelszone erklärt. Fabrikanten, die ihre Zigarren früher auf den Kanarischen Inseln herstellten, zogen in die Dominikanische Republik um und begannen, hochwertigeren Tabak aus kubanischem Saatgut für Zigarren anzubauen. So entstand eine Reihe von Tabakfabriken.

Das Yaquetal

Die meisten Tabakplantagen, die insgesamt 240 000 Hektar umfassen, befinden sich im Nordwesten im Cibaotal. Das beste Anbaugebiet innerhalb des Cibaotals ist das Yaquetal, das bei Santiago beginnt und sich 40 Kilometer nordwestwärts bis Esperanza erstreckt. Das Tal wird mit Vuelta Abajo verglichen, wo der Tabak für Kubas Premium-Zigarren angebaut wird.

◀ Viehzucht sowie Tabak-, Kaffee- und Obstanbau machen das Tal des Flusses Yaque del Norte zu einem wichtigen Gebiet für die Dominikanische Republik.

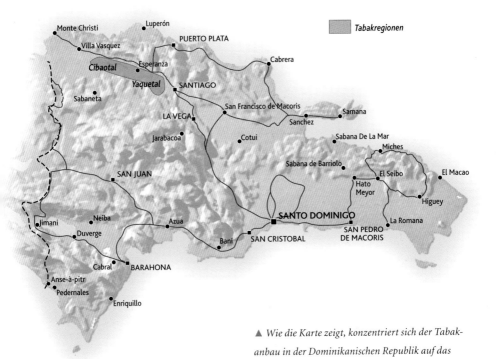

Monte Christi
Luperón
PUERTO PLATA
Villa Vasquez
Cibaotal
Esperanza
Cabrera
Yaquetal
SANTIAGO
Sabaneta
San Francisco de Macoris
Samana
LA VEGA
Sanchez
Jarabacoa
Cotui
Sabana De La Mar
Miches
Sabana de Barriolo
SAN JUAN
El Seibo
El Macao
Hato
Meyor
Higuey
Jimani
Neiba
Azua
SANTO DOMINGO
La Romana
Duverge
SAN PEDRO
Bani
SAN CRISTOBAL
DE MACORIS
Cabral
BARAHONA
Anse-à-pitr
Pedernales
Enriquillo

Tabakregionen

▲ Wie die Karte zeigt, konzentriert sich der Tabakanbau in der Dominikanischen Republik auf das
Cibaotal.

Die Tabakproduktion der Dominikanischen Republik ist in den letzten 25 Jahren
enorm gestiegen. Mehrere große Zigarrenhersteller zogen nicht nur wegen des
Klimas und des Bodens dorthin, sondern
auch wegen der seit Kurzem stabileren
wirtschaftlichen und politischen Lage. Hier
stellen unter anderem die General Cigar
Company (Partagás und Ramón Allones
sind nur zwei ihrer vielen Marken), Altadis
USA (Romeo y Julieta und Montecristo),
Arturo Fuente und Davidoff sehr erfolg-
reiche Zigarren her (mehr darüber in Kapitel 3). Der größte Teil des Tabaks wird als
Einlage verwendet, vor allem die drei Sorten Piloto Cubano (aus Saatgut aus Vuelta
Abajo), die einheimische Olor Dominicano
(berühmt für ihren subtilen Geschmack)
und San Vicente (eine etwas leichtere
Hybride von Piloto Cubano). Einige innova-
tive Produzenten, vor allem Arturo Fuente,

haben ihre eigenen Farmen und experimentieren mit Tabak für Deckblätter, oft
mit großem Erfolg.

Zigarrenland

Dank eines enormen Engagements und
riesiger Investitionen zahlreicher Zigarrenhersteller ist die Dominikanische Republik
mit derzeit jährlich 350 Millionen expor-
tierten Zigarren heute der weltweit führende Produzent von Premium-Zigarren
und hat sich die Bezeichnung „Zigarren-
land" redlich verdient. Die kluge Verkaufs-
politik und die innovativen Ideen der
Produzenten tragen den „DR"-Zigarren
ein Lob nach dem anderen von Zigarrenliebhabern auf der ganzen Welt ein, und
die Zukunft sieht rosig aus.

HONDURAS UND NICARAGUA

Nach dem amerikanischen Embargo gegen Kuba gründeten viele Tabakhersteller nicht nur in der Dominikanischen Republik Fabriken, sondern auch in den benachbarten mittelamerikanischen Ländern Honduras und Nicaragua. Dort hatten die Ureinwohner seit Tausenden von Jahren Tabak angebaut.

In den 1960er- und 1970er-Jahren hatten einige amerikanische Tabakpflanzer bereits ein festes Standbein in Honduras. Sie mischten Tabak aus kubanischem Saatgut mit lokalen Sorten und führten bald die Produktion von einst rein kubanischen Sorten wie Punch, Belinda und Hoyo de Monterrey auch außerhalb von Kuba zum Erfolg. Die 1980er-Jahre waren dem honduranischen Zigarrenhandel jedoch weniger gewogen. Von den USA unterstützte Contras benutzten mehrere Gebiete des Landes während ihres Kampfes gegen die nicaraguanischen Sandinisten als Stützpunkte und störten die Tabakerzeugung. Mitte der 1980er-Jahre litten die honduranischen Plantagen schwer unter der Blauschimmelkrankheit (*moho azúl*), für die kubanischer Tabak besonders anfällig ist.

Gerade als die Industrie sich Anfang der 1990er-Jahre wieder zu erholen begann, wurde das Land 1998 vom Hurrikan Mitch heimgesucht, der 70 Prozent aller Tabakpflanzen zerstörte. Doch reichten die Vorräte aus, um die Nachfrage zu befriedigen, und heute sind die Plantagen vollständig wiederhergestellt.

Honduranischer Tabak

Die Hauptanbaugebiete des Landes sind das Jamastrantal im Südosten, wo der fruchtbare Boden den hochwertigsten Tabak des Landes hervorbringt, das zentraler gelegene Talangatal und die Plantagen der Gemeinde Santa Rosa de Copán im westlichen Hochland, wo die Spanier 1765 eine Tabakhandelsstation gründeten. Honduras baut hauptsächlich Tabak kubanischen Ursprungs an und ist bekannt für seinen Deckblatt-Tabak der Marke Connecticut Shade (manchmal Honduran Shade genannt). Zigarren aus Honduras sind dank der kubanischen Tabaksorten oft stark und aromatisch und sollen eine Marktlücke füllen, die durch das Embargo entstand.

◄ *Der in Honduras erzeugte Tabak ist meist stärker als der dominikanische und nicaraguanische.*

▲ *Die Tabak anbauenden Regionen von Honduras und Nicaragua. Der Tabak des Jalapatals kann mit dem besten kubanischen Tabak konkurrieren.*

Nicaragua

Die Geschichte des nicaraguanischen Tabaks und der Zigarrenindustrie gleicht in vieler Hinsicht der des benachbarten Honduras. Auch hier begannen Exilkubaner mit der Zigarrenherstellung, allen voran José Padrón, der 1970 einwanderte. In den 1970er-Jahren produzierte Nicaragua einige der besten Premium-Zigarren der Welt, besonders die Joya de Nicaragua. Doch als die sozialistischen Sandinisten 1979 an die Macht kamen, wurden die Tabakplantagen und -fabriken wie in Kuba auch verstaatlicht. Nicaragua litt danach in noch viel stärkerem Maße als Honduras unter dem zehnjährigen Bürgerkrieg zwischen den Sandinisten und den von den USA unterstützten Contras. Ein Großteil der Kämpfe wurde im Nordwesten von Estelí, einem der wichtigsten Tabakanbaugebiete, ausgetragen. Plantagen wurden zerstört oder in Minenfelder verwandelt, Fabriken und Lagerhäuser für militärische Zwecke benutzt oder abgerissen. Auch der nicaraguanische Tabak litt unter dem Blauschimmel und dem Hurrikan Mitch. In einigen Gebieten fiel während des Wirbelsturmes innerhalb von vier Tagen so viel Regen wie sonst in einem Jahr. Der Mutterboden ganzer Felder wurde fortgespült, sodass nur nackter Fels zurückblieb.

Nicaraguas Aufschwung

Heute werden in Estelí wieder Zigarren produziert. Weiter im Norden liegt das Condegatal, die zweitwichtigste Zigarren produzierende Region des Landes. Das Jalapatal entlang der Grenze zu Honduras erzeugt wie auch das honduranische Jamastrantal den besten Tabak – er wird oft mit dem aromatischen Tabak aus Kubas Vuelta Abajo verglichen. Seit Mitte der 1990er-Jahre produziert und exportiert Nicaragua wieder einige der besten Premium-Zigarren der Welt.

PLANTAGEN IN CONNECTICUT

Die USA produzieren und konsumieren mehr Zigarren als jedes andere Land der Welt, aber die weitaus meisten von ihnen werden maschinell hergestellt und sind keine Premium-Zigarren. Ein Bundesstaat in Neuengland widerlegt jedoch die Behauptung, Premium-Tabak wachse nur im tropischen Klima.

O bwohl die Tabakfelder in South Carolina, Virginia, Tennessee, Georgia und Kentucky mehrere Tausend Hektar groß sind, ist Connecticut der einzige amerikanische Bundesstaat, der Premium-Tabak anbaut. Die Indianer aus dem Connecticut-Flusstal sammelten und rauchten wilden Tabak, lange bevor Kolumbus ankam. Zwar verbot der Staat das Tabakrauchen Mitte des 17. Jahrhunderts, doch Anfang des 19. Jahrhunderts war das Rauchen weitgehend akzeptiert, und der Tabak stellte für Connecticut eine sehr wichtige Einnahmequelle dar.

Connecticut Shade
Heute wird auf den Plantagen nördlich von Hartford die ursprünglich kubanische Tabaksorte Hazelwood angebaut, und zwar unter drei Meter hohen Gazezelten, die die Pflanze vor der Sonne schützen – daher die Bezeichnung Connecticut Shade (*shade* = Schatten). Anfang der 1920er-Jahre, als der Tabakanbau in der Region seinen Gipfel erreichte, wurden hier rund 12 500 Hektar mit Tabak bepflanzt, aber als die Zigarre nach dem Zweiten Weltkrieg an Beliebtheit verlor, weil Zigaretten billiger waren und die gesundheitlichen Bedenken zunahmen, sank die Anbaufläche auf 1000 Hektar.

Dank seiner hellen Goldfarbe, seines Geschmacks (mild bis medium) und sei-

◀ *In der fruchtbaren Ebene des Connecticut-Flusses sind viele Farmen der Region angesiedelt, darunter auch Tabakfarmen.*

▲ *Ein Arbeiter auf einer Farm in Connecticut im Jahr 1941 bestellt ein Shade-Tabakfeld, das durch Stoffbahnen vor der Sonne geschützt wird.*

ner Elastizität – eine wichtige Voraussetzung für Premium-Deckblätter – gilt Connecticut Shade als eines der besten Deckblätter der Welt. Da der Anbau und das Trocknen jedoch sehr aufwendig sind (zum Trocknen wird genau regulierte Wärme aus Gasbrennern benutzt), ist es auch eines der teuersten Deckblätter. Die heutigen Connecticut-Deckblätter werden für Premium-Zigarren wie Davidoff und Macanudo verwendet, von denen einige (z. B. Macanudo Robust) als Umblatt Connecticut Broadleaf benutzen, eine andere in Connecticut angebaute Tabaksorte.

▼ *Die Zigarrenserie Davidoff Classic (hier die No. 2) hat ein elegantes helles* (claro) *Deckblatt.*

MEXIKO, JAMAIKA, COSTA RICA, ECUADOR

Es würde schon fast an Ironie grenzen, wenn Mexiko keine Tabakindustrie hätte, denn schließlich waren es die Mayas, die auf der Halbinsel Yucatán in Südostmexiko mit dem Tabakanbau und -konsum
begannen. In Jamaika, Costa Rica und Ecuador ist die Geschichte des
Tabaks nicht ganz so ausgeprägt, aber auch in diesen Ländern hat die
Zigarrenherstellung Tradition.

Fast der gesamte mexikanische Tabak für Premium-Zigarren wird an der Ostküste des Landes im Bundesstaat Veracruz am Golf von Mexiko angebaut. Der Norden dieser Region beherbergt einige Plantagen, die sowohl Einlagentabak anbauen als auch eine lokale dunkle Sorte namens Tobacco Negro, die

man für Deckblätter verwendet. Wichtiger sind jedoch die Plantagen etwa 150 Kilometer südöstlich von Veracruz City im San-Andres-Tal. Es heißt, der Boden und das Klima dort seien den Bedingungen in der kubanischen Region Vuelta Abajo sehr ähnlich. Am berühmtesten ist dieses Gebiet wegen eines Tabaks, der aus Sumatra stammt und für Umblätter und Deckblätter benutzt wird. Das Saatgut sollen niederländische Tabakpflanzer mitgebracht haben, die Indonesien nach dem Zweiten Weltkrieg verlassen mussten.

Wie in Kuba Ende der 1990er-Jahre ging der plötzliche Anstieg des Zigarrenkonsums, vor allem in den USA, auch in Mexiko mit einem Qualitätsverlust einher. Im mexikanischen San-Andres-Tal schossen einige kleinere Zigarrenproduzenten praktisch über Nacht aus dem Boden – viele von ihnen unerfahren. Die Folge war, dass der Export in die USA von 25 Millionen Zigarren im Jahr 1997 auf 2,5 Millionen im Jahr 2004 fiel. Trotz des Nachfragerückgangs sind Mexikos erfahrene Hersteller

◀ *Ein jamaikanischer Tabakverkäufer in den 1920er-Jahren in Kingston. Jamaikas Zigarrenindustrie wuchs nach dem US-Embargo gegen Kuba.*

▲ *Tabak wird auf einer Farm in Tuxpan im mexi-*
kanischen Bundesstaat Veracruz zum Trocknen
aufgehängt. Hier wächst fast der gesamte Premium-
Tabak des Landes.

jedoch davon überzeugt, dass die Qualität
ihrer Zigarren sich verbessern und ihr guter
Ruf wiederhergestellt werden wird.

Jamaika

Jamaika wird selten zu den großen Zigarrenproduzenten gezählt, aber seine Tabakplantagen entstanden bereits Mitte des
17. Jahrhunderts, als die Insel noch eine
britische Kolonie war. Ein großer Teil der
Zigarren wird in der Umgebung der jamai-
kanischen Hauptstadt Kingston hergestellt; nach dem Embargo gegen Kuba
wurden sie in den USA populärer. In den
1980er-Jahren wuchs Jamaikas Zigarrenindustrie und verdrängte die Kanaren von
ihrem Platz als wichtigster Exporteur von
Premium-Zigarren in die USA. Aber der
Boom ebbte ab, Fabriken wurden geschlossen, und im Jahr 2000 verlegte die
General Cigar Company, die seit 1968 in

Jamaika Zigarren produziert hatte, ihren
Sitz in die Dominikanische Republik.

Jamaikas Tabakpflanzen stammen aus
Kuba, der Dominikanischen Republik, Mexiko und Honduras, die Deckblattsorten
aus Connecticut, Brasilien und Indonesien.

Costa Rica

Costa Rica ist eigentlich eher für seine
Kaffeeplantagen bekannt, doch der Tabakanbau und die Zigarrenherstellung des
Landes expandierten, nachdem Hurrikan
Mitch 1998 in Honduras und Nicaragua
einen Großteil der dortigen Tabakindustrie
zerstört hatte.

Ecuador

Das warme und feuchte tropische Klima
in Ecuador ist ideal für den Tabakanbau.
Heute erzeugt das Land sehr gefragte
Deckblätter. Der Tabak, dessen Saatgut aus
Sumatra und Connecticut stammt, ist berühmt für seine seidige, feinädrige Struktur. Beides ist der Bewölkung zu verdanken,
die fast über allen Anbaugebieten liegt und
für idealen natürlichen Schatten sorgt.

ANDERE TABAK ANBAUENDE LÄNDER

Es gibt auf der Welt noch viele weitere Länder, die Tabak anbauen. Einige befinden sich im Aufschwung, in anderen sind die goldenen Jahre der Tabakindustrie schon vorbei. Obwohl die Produktionsmengen im Vergleich zu Kuba, der Dominikanischen Republik, Honduras oder Nicaragua unbedeutend sind, stellen diese Länder oft einzigartige Tabake und Zigarren her.

Der größte Teil des brasilianischen Tabaks kommt aus Bahia an der zentralen Ostküste. Hier wird vor allem die lokale Sorte Mata Fina angebaut, die man als Einlage und Deckblatt für verschiedene beliebte Premium-Zigarren verwendet. Der dunkle Tabak hat ein volles Aroma, das für einen intensiven, aber dennoch milden Rauchgenuss sorgt. Im Laufe der Jahre erfreute er sich vor allem in Nordamerika immer größerer Beliebtheit.

▲ *Eine Frau sortiert getrocknete Tabakblätter in einer Fabrik in San Felix, Brasilien. Brasilianischer Tabak wird als Einlage, Umblatt und Deckblatt für einige bekannte Premium-Zigarren verwendet.*

Kamerun

Die meisten Plantagen in diesem westafrikanischen Land liegen in der Region Bertoua, im Osten und an der Grenze zur Zentralafrikanischen Republik (die ihre eigene wachsende Tabakindustrie hat). Beide Länder bauen einen Tabak an, der aus Sumatra stammt und den einige der berühmtesten Zigarrenhersteller der Welt, darunter H. Upmann, Ashton und Arturo Fuente als Decker verwenden. Diese Deckblätter sind grünbraun bis dunkelbraun und besonderes dünn. Ihr neutrales Aroma gewährleistet, dass sie kräftigere und sehr aromatische Einlagen und Umblätter perfekt ergänzen.

◀ *Schild eines Tabakherstellers in Teneriffa. Gran Canaria, Teneriffa und La Palma sind die wichtigsten Tabak erzeugenden Kanareninseln.*

Indonesien und die Philippinen

Zur indonesischen Inselgruppe gehören
Sumatra, Java und Borneo, die alle Tabak
anbauen. Sumatra und Java produzieren
bekannte Deckblätter. Das Sumatra-Blatt
gilt als besser und wird heute auf der
ganzen Welt angebaut. Auf Borneo
wächst ein Einlagentabak, der als „Dutch
Flavour" bekannt ist, ein Verweis auf die
ehemalige Kolonialmacht. Das Deckblatt
aus Sumatra ist dunkelbraun, seidig im
Griff und hat ein neutrales Aroma. Der
Java-Tabak ist ähnlich, aber qualitativ
weniger beständig.

Die Philippinen, Indonesiens Nachbar,
sind eines der größten Tabak erzeugenden Länder Asiens und können auf eine
lange Geschichte als Zigarrenproduzent
zurückblicken, die bis ins 19. Jahrhundert
zurückreicht. Damals wurden Manila-
Zigarren sogar mit Havannas gleichge-
setzt. Dieser Ruhm ist inzwischen zwar
etwas verblasst, aber das Land erzeugt
heute noch eine aromatische, milde
Tabaksorte.

▲ *Ein Tabaklagerhaus der Compania General
de Tobaccos de Philippines, gegründet 1881. Sie
ist heute noch der führende Tabakhersteller der
Philippinen.*

Kanarische Inseln

Die Kanaren sind heute die einzigen Produzenten von handgefertigten Zigarren
in Europa und schon lange im Geschäft
mit Tabak und Zigarren aktiv. Viele Einwohner wanderten in den ersten Jahren
der spanischen Kolonialherrschaft nach
Kuba aus. Umgekehrt verlegten kubanische Zigarrenmacher wie die Familien
Menéndez und Garcia (denen H. Upmann
seinen Erfolg verdankt) nach dem US-
Embargo gegen Kuba 1962 ihren Sitz auf
die Kanarischen Inseln. In den 1960er-
und 1970er-Jahren waren die Inseln mit
Marken wie Montecruz der größte Zigar-
renexporteur in die USA. In den 1980er-

Jahren ging allerdings der Import von
kubanischem Tabak zurück, und die Pro-
duktionskosten stiegen. Als Folge davon
waren kanarische Zigarren überteuert,
und ihr Qualitätsstandard galt zunehmend als unzuverlässig.

Der meiste Tabak wird auf La Palma,
der westlichsten Kanareninsel, erzeugt.
Dort, im östlichen Hochland von Breña
Alta, wächst Einlagentabak, den man mit
kubanischem Tabak mischt. Der heimi-
sche Tabak ist nicht sehr gefragt, und da
die Industrie nur wenig investiert, stehen
ihr schwere Zeiten bevor.

NICHTKUBANISCH ODER KUBANISCH?

Da das US-Embargo gegen Kuba immer noch in Kraft ist, kann man den Markt für Premium-Zigarren (damit sind vollständig handgefertigte Zigarren gemeint) grob in „USA und Rest der Welt" oder „nichtkubanisch und kubanisch" einteilen.

◄ *Eine Zigarrenschau in der Fabrik von H. Upmann in Havanna, Kuba. Dies ist nur eine von vielen berühmten Marken, die sowohl in Kuba als auch in der Dominikanischen Republik zu finden sind.*

produziert. Wie ist das möglich? Nun, das liegt natürlich am US-Embargo. Als Fidel Castro die kubanische Zigarrenindustrie verstaatlichte, beschlagnahmte er nicht nur die Fabriken und Lagerhäuser, sondern auch die Markennamen. Aber die Tabakhersteller, die aus Kuba flohen, nahmen alles mit, was sie im Laufe von Jahren – meist Generationen – an Erfahrung und Wissen über Tabakmischungen und Tabakrollen erworben hatten. Dann bauten sie anderswo neue Fabriken und produzierten ihre Marken weiter. Inzwischen besteht das Embargo seit 46 Jahren, und viele Urheberrechte sind immer noch nicht geklärt. Später werden Sie erfahren, woran Sie erkennen können, was Sie kaufen; jetzt möge der Hinweis genügen, dass auf der Banderole der meisten kubanischen Zigarren „Habana" steht.

Raucher, die keine Experten sind, finden es verwirrend, dass man „kubanische" Premium-Zigarren kaufen kann, die außerhalb von Kuba in Ländern wie der Dominikanischen Republik, Honduras oder Nicaragua hergestellt wurden. Oft stammen die Deckblätter aus einem anderen Land als die Einlagen und Umblätter. H. Upmann, eine der berühmtesten Marken, kommt beispielsweise aus Kuba und aus der Dominikanischen Republik, und die Marke Hoyo de Monterrey wird sowohl in Kuba als auch in Honduras

Danke, Fidel!

Ohne Fidel, die kubanische Revolution und die Verstaatlichung der Zigarrenfabriken hätten wir vielleicht nie von einer dominikanischen Montecristo oder einer honduranischen Punch gehört. Die kubanischen Zigarrenbarone hätten wohl kaum versucht, kubanischen Tabak außerhalb des Landes anzubauen, und keiner hätte sie gezwungen, mit Deckblättern aus Westafrika, Einlagen aus der Dominikanischen Republik und Umblättern aus den USA zu experimentieren. Zigarrenliebhaber haben also Grund, Fidel Castro dankbar zu sein. Die Hersteller mussten kreativ und innovativ sein, um aus den verfügbaren Rohstoffen die bestmöglichen Zigarren zu machen. Das soll aber nicht heißen, dass nichtkubanische Rohstoffe, wie beispielsweise Tabaksorten, den kubanischen immer unterlegen sind. Wie Sie in jeder Zeitschrift, die Zigarren bewertet, lesen können, gibt es immer wieder nichtkubanische Zigarren, welche die kubanischen ausstechen – so wie viele Weine der Neuen Welt bei anonymen Geschmackstests besser abschneiden als europäische. Wie bei allem, was mit Geschmack zu tun hat – sei es nun Wein, Whisky oder Zigarren – gibt es keine festen Regeln. Jeder hat seine eigenen Vorlieben.

Nach dem Embargo

Es ist unmöglich vorherzusagen, was auf die Zigarrenindustrie zukommt, wenn das

▲ *Fidel Castro und der berühmte kubanische Sänger Compay Segundo auf dem Havanna-Zigarren-Festival 2001*

US-Embargo eines Tages aufgehoben wird. Die Nachfrage nach kubanischen Zigarren in den USA wird wahrscheinlich stark zunehmen, und möglicherweise geraten die kubanischen Tabakhersteller dann in Versuchung, zu viel zu produzieren (so wie Ende der 1990er-Jahre). Viele von ihnen sind sich allerdings sehr wohl bewusst, welche Fehler damals gemacht wurden und welche Folgen dies langfristig für den Verkauf und den Ruf der kubanischen Zigarren hatte. Deshalb werden sie, wenn die Zeit gekommen ist, die Produktion hoffentlich planvoll und stetig erhöhen. Es ist jedoch sehr unwahrscheinlich, dass der nunmehr 46 Jahre alte nichtkubanische Zigarrenmarkt über Nacht verschwinden wird. Viele Aficionados freuen sich jetzt schon auf neue, interessante Tabakmischungen, dann auch mit kubanischen Sorten.

◀ *Bei den meisten kubanischen Marken steht „Habana" auf dem Etikett, so z.B. auf dieser Kiste mit Vegas-Robaina-Zigarren.*

DER ZIGARRENBOOM
DER JAHRE 1993–1997

Zwischen 1993 und 1997 geschah in den USA, und in gewissem
Umfang auch in Europa, auf dem Markt für Premium-Zigarren etwas
Außergewöhnliches. Damals erlebten Einzelhändler in Amerika einen
Umsatzzuwachs von 20 Prozent oder mehr – und das in einer Branche,
die traditionell mit einem oder zwei Prozent zufrieden war!

◀ *Martin Shanker, der Gründer der beliebten Zeitschrift* Cigar Aficionado, *1994 in seinem Humidor.*

Es ist schwer, genau auszumachen,
woran es lag, dass die Nachfrage nach
Premium-Zigarren von 1993 bis 1997
so stark zunahm. Feststellen lässt sich
aus heutiger Sicht Folgendes: Damals
erlebte die gesamte Zigarrenindustrie
in den USA einen drastischen Wandel.
Das steigende Interesse an „großen"
oder „nassen" Zigarren (so werden Premium-Zigarren in Fachkreisen oft genannt) brachte eine ganz neue Gruppe
von Menschen – Verbraucher, Einzelhändler und Hersteller – mit einem Geschäft in Berührung, von dem sie sehr
wenig wussten. Manche Kenner meinen,
die etablierten Hersteller hätten damals
erkannt, dass sie mit neuen „Superpremium-Zigarren" zu hohen Preisen mehr
verdienen konnten als mit den bekannten Marken. Das würde erklären, warum
Letztere auf einmal knapp wurden.

Warum stiegen die amerikanischen Premium-Zigarren-Importe von rund
120 Millionen im Jahr 1993 auf über
500 Millionen im Jahr 1997? Viele führen
es auf die Zeitschrift *Cigar Aficionado*
zurück, die im September 1992 auf den
Markt kam. Es ist zwar unwahrscheinlich,
dass ein einziges Magazin ein derart
enormes Wachstum ausgelöst hat, aber
die Zeitschrift traf zweifellos den richtigen Ton und kurbelte den Verkauf von
Zigarren an. Zigarren waren plötzlich in,
und immer mehr Menschen rauchten sie.
(Auf Seite 52–53 erfahren Sie mehr über
den Zigarrenkult.)

Europa und Kuba

Die Knappheit an alten, renommierten
Zigarrenmarken wurde auf jeden Fall
auch dadurch verstärkt, dass Europa –
wo der Zigarrenverkauf ebenfalls stetig

zunahm – mit der Qualität der Zigarren aus dem überforderten und unterfinanzierten Kuba immer weniger zufrieden war. Zudem begannen die Europäer, die etwas milderen Zigarren aus der Dominikanischen Republik und anderen Tabak produzierenden Ländern auch zu schätzen.

Nach dem Boom

Immer mehr Einzelhändler unterschiedlichster Couleur sprangen auf den Zigarrenzug auf, sodass die seriösen, alteingesessenen Tabakhändler ihre Stammkunden nicht mehr mit ihren Lieblingsmarken versorgen konnten. Die „Superpremium"-Marken waren zu teuer und auch nicht immer wirklich „super". Zum Glück für den kritischen Zigarren-

▲ *Selbst Nichtraucher kaufen Zigarren, wenn sie nach Kuba reisen. Das gehört zum touristischen Programm einfach dazu.*

liebhaber war der Boom mit dem Jahr 1998 vorbei, und der Markt beruhigte sich. Fabrikschließungen und bankrotte Einzelhändler waren die Folge, aber die großen Marken waren wieder leicht erhältlich, unerledigte Aufträge konnten nachgeholt werden, und die Qualität der Zigarren verbesserte sich.

▼ *Tony Curtis, Milton Berle und zwei Playboy-Häschen im Friar's Club in Beverly Hills, Kalifornien, 1998.*

DER WELTHANDEL HEUTE

Obwohl der Zigarrenhandel nach dem Ende des Booms im Jahr 1997 deutlich einbrach, vor allem in den USA (in Europa und im Rest der Welt blieb er relativ stabil), wurden Produktion und Qualitätskontrolle ab 2002 allmählich besser.

◄ *Ein junges Mädchen sitzt neben einem Zigarren-stand vor einer Bar an der Calle O'Reilly in Havanna. Der Preis für die Zigarren ist in US-Dollar angegeben.*

befriedigen wollten, und darunter litt ihr Ruf. Heute sagen viele Tabakhersteller, sie würden selbst bei einem neuen Boom der Versuchung widerstehen, die Produktion auf Kosten der Qualität zu steigern.

Zwar erließen immer mehr Länder Gesetze zum Nichtraucher-schutz, aber viele Kenner sind der Meinung, dass der Markt für Premium-Zigarren heute weltweit ziemlich stabil ist. Im Jahr 2004 erreichten einige Firmen Umsätze, die sogar über denen aus den Boomjahren lagen, und viele Kommentatoren sprachen von einem „Miniboom". Es wird sich zeigen, ob sie Recht behalten werden; aber die meisten Zigarrenhersteller sind der Meinung, dass ein stetiges Wachstum am besten ist, denn dadurch ist eine Vorausplanung in Bezug auf den Tabak (der gekauft wird und dann zwei oder mehr Jahre reifen muss) und das Herstellungsverfahren möglich. Viele Produzenten nahmen in der Boomphase unzulängliche Qualitäts-kontrollen in Kauf, weil sie die Nachfrage

Kuba

Obwohl Kuba nicht unmittelbar vom boomenden amerikanischen Markt Mitte der 1990er-Jahre betroffen war, ließ die Qualität seiner Zigarren wie die der anderen Tabak produzierenden Länder nach. Ende der 1990er-Jahre verkündete Habanos S.A., die Firma, die für den gesamten kubanischen Zigarrenexport zuständig ist, das Land könne 300 Millionen Zigarren im Jahr erzeugen, fast doppelt so viel wie heute. Diese überhöhte Zahl wurde rasch auf 250 und dann auf 200 Millionen reduziert. Wenn man von der verfügbaren Anbaufläche für Tabak ausgeht, ist selbst diese Zahl zweifelhaft, auch weil die kubanische Wirtschaft immer noch unter dem Zusammenbruch der Sowjetunion im Jahr 1991 leidet. Zudem gab es nach zahlrei-

▲ *Zigarrenhersteller Altadis S.A. hat eine neue Tabaksorte entwickelt, deren Blätter resistent gegen Schimmel sind.*

chen Hurrikans schwache Ernten. Da Zigarren jedoch die dringend benötigten Devisen ins Land bringen, ist es verständlich, dass Kuba versucht, die Produktion so weit wie möglich zu steigern.

Altadis

Für die kubanische Zigarrenindustrie war es ein Segen, dass die riesige europäische Tabakfirma Altadis S.A. im Februar des Jahres 2000 für einen 50-Prozent-Anteil an Habanos S.A. 500 Millionen Dollar zahlte. Jetzt konnte Habanos den dringend benötigten Dünger für die Tabakfarmer kaufen, den Produktionsprozess modernisieren und in einem wirtschaftlich viel stabileren Umfeld Geschäfte machen.

Kuba stehen rosige Zeiten bevor. Viele Experten meinen, dass die Qualität der Zigarren heute wieder das frühere hohe Niveau erreicht hat oder gar übertrifft. Die Einführung einer Tabaksorte namens Habana 2000, die gegen Blauschimmel viel widerstandsfähiger ist, wird dazu beitragen, dass die Tabakernten gut ausfallen. Gute Nachrichten für die Freunde kubanischer Zigarren.

◄ *Eine Kiste Cohiba Behike 2006. Diese kubanischen Zigarren kosten 440 Dollar pro Stück und gehören zu den teuersten der Welt. Die Kiste enthält 40 Stück.*

ZIGARRENKULT

Der Zigarrenkult kam Ende des 19. Jahrhunderts in Europa und in den USA in Schwung. Doch wie alle relativ neuen Moden brauchte auch er prominente Förderer, um sich in der ganzen Gesellschaft durchzusetzen. Die heutigen Enthusiasten sind diesen frühen Botschaftern zu Dank verpflichtet.

◄ *Zigarrenhersteller in Little Havana verklagten den Zigarrenfan P. Diddy, weil er in einem seiner Videos angeblich geheime Techniken des Zigarrenrollens enthüllte.*

Schriftstellern, Politikern, Musikern und Sportlern beliebt.

Zigarren und Prominente
Winston Churchill rauchte etwa zehn Zigarren am Tag, und das große Corona-Format erhielt seinen Namen. Auch in Amerika gab es Stars, die dazu beitrugen, die Zigarren populär zu machen. Der bekannteste war Ulysses S. Grant, Bürgerkriegsgeneral und 18. Präsident der USA. Im Grunde wurde ihm das Etikett „Zigarrenfan" aber angehängt, denn vor dem Bürgerkrieg (1861–1865) rauchte er nur gelegentlich. Erst als nach einer siegreichen Schlacht (die ihm passend zu seinen Initialen den Spitznamen „Unconditional Surrender Grant" = „Grant der bedingungslosen Kapitulation" eintrug) ein Foto veröffentlicht wurde, auf dem er rauchte, überhäuften Gratulanten und Förderer ihn mit Zigarren.

Kurz nach dem Tod der raucherfeindlichen Königin Viktoria im Jahr 1901 sagte ihr Sohn, der frisch gekrönte König Eduard VII., angeblich nach dem Dinner zu seinen männlichen Gästen: „Gentlemen, Sie dürfen rauchen." Eduard, nach dem die beliebten maschinengefertigten King-Edward-Zigarren benannt sind, war ein großer Zigarrenliebhaber, der täglich bis zu zwölf große Zigarren rauchte. Vielleicht war dies der Beginn des Zigarrenkults, denn schon bald war die Zigarre auch bei Entertainern,

Aber Grants Zigarrenkonsum verblasst im Vergleich mit einem anderen frühen Zigarren-Aficionado: Der Autor und Journalist Samuel Clemens, besser bekannt unter dem Pseudonym Mark Twain, rauchte

► *Zigarrenliebhaber Samuel Clemens (Mark Twain) schrieb: „Wenn es im Himmel keine Zigarren gibt, gehe ich nicht dorthin."*

seine erste Zigarre mit acht Jahren. Später brachte er es auf 100 Zigarren im Monat. „Bevor ich 30 war, steigerte ich mich auf 300 im Monat", schrieb er 1883 in seiner Abhandlung „Rauchen als Inspiration". Seine erste Zigarre steckte er gleich am Morgen an, seine letzte abends – sehr zum Missfallen seiner Gattin Olivia.

Viele Musiker priesen und preisen die Zigarre, von Jazzvirtuosen wie Miles Davis bis zu Rap- und Hip-Hop-Stars wie P. Diddy. Arthur Rubinstein, einer der größten klassischen Pianisten des 20. Jahrhunderts, war ebenfalls begeisterter Zigarrenraucher.

Gastronomische Zigarren

Natürlich genießen nicht nur die Reichen und Berühmten eine gute Zigarre. Viele

Menschen rauchen Zigarren nach einem guten Essen – nach einem würzigen Gericht ebenso wie nach einem deftigen. Chinesisches Essen stimmt den Gaumen allerdings offenbar nicht auf eine Verdauungszigarre ein. Die zwei Getränke, die am häufigsten mit dem Zigarrenrauchen in Verbindung gebracht werden, sind Portwein und Brandy, aber auch Scotch, Bourbon und verschiedene Liköre geben geeignete Begleiter ab. Falls Sie weniger scharfe Sachen bevorzugen, trinken Sie ruhig Wein oder Bier. Und wenn Sie überhaupt keinen Alkohol mögen, ist ein guter, starker Espresso der perfekte Zigarrenpartner.

◄ *Der Komiker Groucho Marx war auf der Leinwand und im Alltag kaum ohne Zigarre zu sehen. Berühmt ist sein Ausspruch: „Müsste ich zwischen einer Frau und einer Zigarre wählen, würde ich mich immer für die Zigarre entscheiden."*

2

ANATOMIE
DER ZIGARRE

AUSSAAT UND ANBAU

Tabakpflanzen werden entweder in der Sonne oder im Schatten gezogen. Setzt man den Tabak direktem Sonnenlicht aus, wird er dunkler und kräftiger. Einige Tabaksorten dieser Art, vor allem aus Indonesien, sind dank der dort ständig herrschenden Bewölkung jedoch recht mild.

◀ *Farmer pflanzen Tabaksetzlinge in Vinales, Kuba. Das von Kalksteinbergen umgebene Vinalestal erzeugt Kubas besten Zigarrentabak.*

D ie Schattenvariante wird unter Gazetüchern angebaut, die etwa 30 Prozent des Sonnenlichts abhalten. Der Schatten soll nicht so sehr den Geschmack beeinflussen, sondern eher dafür sorgen, dass die Blätter unbeschädigt bleiben. Solche Blätter schmecken milder und sind heller als die sonnengereifte Sorte.

Wie alle Pflanzen beginnt auch die Tabakpflanze ihr Leben als Samenkorn – der Tabaksamen hat ungefähr die Größe eines Sandkorns. Nachdem es in Treibhäusern gekeimt hat, wird das Saatgut in Samenbeete, neuerdings auch in Schalen gesät, wo es dann weitere sechs Wochen bleibt. Wenn die Setzlinge rund 15–20 cm hoch sind, werden die gesündesten von ihnen auf die Tabakfelder verpflanzt, die man vorher düngt. Der Tabak ist sehr nährstoffbedürftig, und so

verlor Kuba in den ersten Jahren des US-Embargos einen Großteil seiner Produktion unter anderem deshalb, weil die unverzichtbaren Düngemittel fehlten. Nach dem Düngen werden die Felder gepflügt und für die Aufnahme der Saat vorbereitet. Dies wird in jedem Land und in jeder Plantage anders gehandhabt, wobei Maschinen eine unterschiedlich große Rolle spielen. In Kuba werden beispielsweise immer noch die traditionellen Ochsen- und Eselspflüge verwendet, teils weil Benzin und Ersatzteile für Traktoren knapp sind, teils weil viele Farmer glauben, dass Traktoren den Boden komprimieren und dadurch schädigen. Die Zeit der Aussaat hängt jeweils vom Klima ab. In Kuba kann man Setzlinge zwischen Mitte Oktober und Mitte Januar umpflanzen, je nach Tabaksorte und den Wetterbedingungen.

Pflege

Es ist kompliziert und zeitraubend, Tabakpflanzen zu pflegen. Vier bis fünf Tage nach dem Umsetzen werden die Felder bewässert und abgestorbene Setzlinge durch neue ersetzt, um eine optimale

Ernte zu erzielen. Dieser Prozess wiederholt sich weitere vier bis fünf Tage lang. Im Frühstadium des Wachstums entfernen die Farmer das Unkraut zwischen den Tabakreihen regelmäßig mit Grubbern, die zugleich den Boden lockern. 18–20 Tage nach dem Umsetzen häuft man die Erde behutsam um die jungen Pflanzen herum auf, damit die Wurzeln besser wachsen. Dabei entstehen Bewässerungsgräben, in denen überschüssiges Regenwasser abläuft. Dünger werden meist in drei wichtigen Stadien verabreicht: vor dem Aussäen, nach dem Jäten und während des Häufelns.

Bewässerung

Tabakpflanzer müssen lernen, den Wassergehalt des Bodens einzuschätzen. Schattenpflanzen brauchen mehr Wasser, weil sie dann große Blätter mit klaren, einheitlichen Farben und mildem Aroma bekommen, ideal für Deckblätter. Wenn sonnengereifter Tabak zu viel Wasser erhält, verliert er das kräftige Aroma, das Einlagenblätter brauchen. Am stärksten

wird während des Umsetzens und der Ernte bewässert. Wenn die Blätter in der Erntezeit zu wenig Wasser bekommen, reifen sie nicht richtig.

Köpfen und geizen

Sehr wichtig ist auch das „Köpfen" der Tabakpflanze 38–42 Tage nach dem Anpflanzen. Dabei wird die Blütenknospe entfernt, sodass die Pflanze sich ganz auf ihr Wachstum konzentrieren kann. Das steigert die Ernte. Jede einzelne Pflanze muss von Hand behandelt werden, und die Arbeiter brauchen jahrelange Erfahrung, bis sie beurteilen können, wann sie welche Pflanzenteile entfernen müssen. Bald nach dem Abkneifen der Blüten entwickeln sich neue Seitentriebe, die sogenannten Geizen, die man ebenfalls entfernen muss, weil sie der Pflanze sonst wertvolle Energie rauben. Dieser Vorgang wird als „geizen" bezeichnet.

▼ *Ein kubanischer Farmer erntet in einem Feld bei Pinar del Río Tabak von Hand. 80 Prozent des kubanischen Tabaks stammen aus dieser Region.*

DIE ERNTE

In den meisten Tabak anbauenden Regionen der Welt gibt es drei wichtige Erntemethoden. Entweder man erntet die Blätter der Tabakpflanze etappenweise, oder man schneidet die ganze Pflanze ab, oder man kombiniert beide Verfahren.

Alle im Schatten angebauten und einige sonnengereifte Tabakpflanzen werden von Hand geerntet, und zwar in mehreren Durchgängen nach einer strengen Reihenfolge, die mit der Position der Blätter an der Pflanze und ihrem Reifegrad zusammenhängt. Meist unterscheidet man folgende Stadien:

• Erstes Stadium oder *libre de pie* (an der Basis): 45–50 Tage nach dem Säen. Dabei entfernt man die zwei oder drei Blätter, die dem Boden am nächsten sind. Sie sind meist hell und süß und werden oft als Umblätter benutzt, weil sie gleichmäßig abbrennen. Sie eignen sich auch als Einlage und gelegentlich als Decker.

• Zweites Stadium oder *uno y medio* (anderthalb): 50–52 Tage nach dem Säen. Jetzt nimmt man zwei Blätter von jeder Pflanze. Diese sind noch süß, enthalten aber etwas mehr Nikotin und schmecken aromatischer. Auch sie werden vor allem zu Umblättern und Einlagen verarbeitet.

• Drittes Stadium oder *centro ligero* (helles Zentrum): 58–62 Tage nach dem Säen. Die zwei bis vier hochwertigen Blätter jeder Pflanze haben ein kräftigeres Aroma als jene des zweiten Stadiums. Man verwendet sie meist für Deckblätter, aber auch zum Harmonisieren von anderen Einlageblättern.

• Viertes Stadium oder *centro fino* (dünnes Zentrum): 68–72 Tage nach dem Säen. Diese Blätter gelten als die hochwertigsten. Wieder nimmt man zwei bis vier Blätter von jeder Pflanze. Dank ihres reichen Aromas und der dunklen Färbung eignen sie sich gut als Deckblätter und Einlagen.

• Fünftes Stadium oder *centro gordo* (dickes Zentrum): 73–75 Tage nach dem

▼ *Ein Farmer erntet Tabakblätter in Wisconsin, USA.*

Säen. Die zwei Blätter, die man von jeder Pflanze entfernt, sind dick und dunkel und enthalten die meisten Öle und Harze. Ihr kräftiges Aroma verlangt eine längere Fermentation als die bisherigen Blätter. Sie sind ideal als Einlagen oder Umblätter. Gelegentlich macht man auch Decker daraus.

• Sechstes Stadium oder *corona* (Krone): 75–80 Tage nach dem Säen. Jetzt erntet man die obersten beiden Blätter. Sie müssen meist am längsten reifen (bis zu fünf Jahre), weil sie am aromatischsten sind. Corona-Blätter sind als Decker oft zu klein.

Bei hochwertigem Schattentabak werden oft noch zusätzliche Erntestadien eingebaut: *primer centro ligero* (erstes helles

▲ Ein Farmer schneidet Tabak in Tennessee, USA. Dort müssen viele Farmer ihren Lebensunterhalt ausschließlich mit ihren kleinen Tabakfeldern erwirtschaften.

Zentrum), *segundo centro ligero* (zweites helles Zentrum), *primer centro fino* (erstes dünnes Zentrum) und *segundo centro fino* (zweites dünnes Zentrum).

Ganzpflanzenernte und gemischte Ernte

Ganz abgeschnittene Pflanzen liefern etwas geringwertigeren Tabak, weil man alle Blätter auf einmal erntet, diese also nicht unbedingt optimal reif sind. Bei der gemischten Ernte werden die unteren Blätter 40–50 Tage nach dem Säen entfernt. Der Rest folgt, wenn er nach 75–80 Tagen gereift ist.

REIFUNG UND FERMENTATION

Um das Reifen zu beschleunigen, „näht" man die geernteten Blätter mit glatten Schnüren zusammen. Dafür werden große Nadeln benutzt, die man durch den dicksten Teil der Mittelrippe stößt. Etwa 120–200 gebündelte Blätter werden an Stangen befestigt, die waagrecht in Trockenschuppen hängen. So kann die Luft durch die Blätter zirkulieren.

Man beachte, dass Reifen mehr als Trocknen ist. Beim Trocknen verdampft lediglich Wasser aus den Blättern. Das ist jedoch nur ein Aspekt des Reifens. Beim Reifen bleiben die Blattzellen drei bis fünf Tage aktiv, und die Blätter machen komplexe chemische und biologische Veränderungen durch, von denen viele mit Zersetzung und der Produktion bestimmter Enzyme zusammenhängen. Am auffälligsten ist, dass das grüne Chlorophyll in den Blättern allmählich zu einem gelbbraunen Karotin wird und ihnen ihre majestätische Erdfarbe verleiht.

Luftreifung
Eine gute Reifung setzt die richtige Temperatur, Feuchtigkeit und Luftzirkulation voraus. In Kuba und in den meisten anderen karibischen Tabakanbaugebieten ist die Luftreifung am gebräuchlichsten. Sie

▼ *Ein Trockenschuppen in Viñales, Kuba. Während der Reifung erhält der Tabak sein typisches Aroma.*

▲ Der geerntete Tabak wird gebündelt und in einem Trockenschuppen (secadero) an Holzstangen gehängt. Er ist nun bereit für die Fermentation.

erfolgt in Holzschuppen, die bewusst westöstlich ausgerichtet sind, damit das eine Ende des Schuppens morgens und das andere nachmittags erwärmt wird. Die Schuppen haben an jeder Wand Türen, sodass sich Temperatur, Feuchtigkeit und Belüftung in gewissem Umfang steuern lassen.

Die Luftreifung dauert 40–60 Tage, je nach Wetter, und erfolgt in der wärmsten Zeit des Jahres. Einer der größten Nachteile bei dieser Reifungsmethode ist, dass die Blätter feucht sein müssen, damit man sie wieder von der Schnur lösen kann. Deshalb muss man oft warten, bis es geregnet hat, ehe man die Blätter einsammeln kann.

Heizkanalreifung

Eine andere Methode, die sich in Kuba in den letzten Jahren immer mehr ausbreitet, vor allem beim Reifen von Deckblättern, ist die Heizkanalreifung. Auch hier sind Temperatur, Feuchtigkeit und Luftzirkulation wichtig, aber sie lassen sich viel besser regulieren, nämlich in einem geschlossenen Schuppen mit Heizkanälen. Die Temperatur der Kanäle wird gesteuert, damit die Temperatur und die Feuchtigkeit im Schuppen optimal bleiben. Auf diese Weise dauert die Reifung nur 20–25 Tage.

Fermentation

Sobald die Blätter gereift sind, holt man sie von den Stangen, lockert sie (am besten bei hoher Feuchtigkeit) und formt aus ihnen Bündel, die etwa einen Meter lang sind. Danach werden sie in den Teil des Schuppens gebracht, der für die erste Fermentation bestimmt ist. Wenn man die Blätter in Deckblätter, Einlagen und Umblätter getrennt hat (vorher wird die Haupttrippe entfernt), folgt eine zweite Fermentation.

Während der ersten Fermentation, die 35–40 Tage dauert, werden Zucker- und Stärkereste abgebaut. Die Blätter werden dunkler und in der Farbe einheitlicher. Durch Oxidation verbessert sich das Aroma immer spürbarer. Die Blattstapel erreichen während der Fermentation ohne Zutun von außen eine Temperatur von bis zu 33 °C. Damit sie konstant bleibt und um zu gewährleisten, dass der gesamte Tabak fermentiert, werden die Stapel oft gelockert und umgedreht – bis zu sechsmal. Die erste Fermentation ist beendet, wenn Farbe und Temperatur gleichbleibend sind.

SORTIEREN UND ENTRIPPEN

Sobald die Tabakblätter vollständig fermentiert sind, packt man sie in Bündeln zusammen und schickt sie auf die nächste Etappe ihrer Reise: ins Sortierhaus *(escogida)*, das sich entweder in der Nähe der Plantage oder in einer Stadt befindet. Hier werden einige der abschließenden Verarbeitungsprozeduren vorgenommen.

Vor allem wird im Sortierhaus der lange, peinlich genaue Auswahlprozess fortgesetzt. Man sortiert die Blätter nach Farbe, Größe, Textur und Qualität. Zunächst werden die fermentierten Bündel geöffnet und die Blätter durch Schütteln getrennt. Danach trägt man sie in Körben in einen Raum, wo sie ganz fein mit Wasser besprüht werden, ehe man sie auf Holzregalen belüftet und für das Sortieren am nächsten Tag aufbewahrt. Dank der Befeuchtung sind die Blätter besser zu bearbeiten und reißen nicht so leicht.

Deckblätter

Am strengsten ist die Auswahl der Deckblätter. Sie werden eingeteilt in *ligero* (hell), *seco* (trocken), *viso* (glänzend), *amarillo* (gelb) und *medio tempo* (halbe Zeit, d. h. Blätter von der oberen Hälfte der Pflanze). Wenn die Ernte gut war, kann man die Blätter oft noch weiter einteilen: *ligero seco, ligero viso seco* und so weiter. Alle eingerissenen Deckblätter werden ausgesondert und für die Herstellung von Zigaretten verwendet. Je nach Größe und Aroma verarbeitet man geeignete Blätter zu Einlagen und Umblättern.

Nachdem die Decker aussortiert und eingestuft worden sind, macht man aus jeweils 40–50 Blättern ein Bündel, indem man sie an einem Ende zusammenbindet. Anschließend bringt man sie in Körben in einen anderen Raum zum „Ausruhen", bevor sie gebündelt ins Lagerhaus kommen, wo sie ein bis fünf Jahre weiterreifen müssen. Anders als Einlagen und Umblätter benötigen Deckblätter meist keine zweite Fermentation, weil sie ein milderes Aroma haben (viele wuchsen ja im Schatten), sodass keine Restbitterstoffe entfernt werden müssen,

◀ *Arbeiter verladen in der Zigarrenfabrik Partagás Ballen aus Tabakblättern. Die Blätter werden ins Lager gebracht, wo sie ein bis fünf Jahre bleiben.*

▲ *Tabakblätter werden in der Zigarrenfabrik La Corona in Havanna sortiert. Kriterien sind der Verwendungszweck sowie Farbe, Größe und Qualität.*

wie sie in Einlagen und Umblättern enthalten sein könnten. Manche Zigarrenhersteller, wie zum Beispiel J.C. Newmann, verwenden allerdings doppelt fermentierte Deckblätter und behaupten, sie hätten einen einzigartig feinen und lieblichen Geschmack.

Einlagen und Umblätter

Blätter für Einlagen und Umblätter werden bei Bedarf erneut befeuchtet, um sie auf das sehr schwierige Entfernen der Mittelrippe vorzubereiten. Nach dem Entrippen presst man sie zwischen Brettern flach und bringt sie in den Fermentationsraum, wo man aus ihnen zwei Meter hohe Stapel *(burros)* formt. Die

zweite Fermentation dauert je nach Blatttyp 90 Tage für *ligero*, 60 Tage für *seco* und 45 Tage für *volado*. Nachdem die Blätter an der Luft getrocknet wurden, macht man aus ihnen Ballen, wickelt sie in Palmrinde und bringt sie ins Lagerhaus oder in die Fabrik, wo sie dann ein bis drei Jahre bleiben.

► *Ein Arbeiter sortiert in einer Zigarrenfabrik in Havanna Tabakblätter nach Größe, Farbe, Textur und Qualität.*

DER AUFBAU
EINER ZIGARRE

Bevor es um die nächsten Verarbeitungsschritte geht, lohnt es sich, eine Zigarre einmal genauer zu betrachten. Sie besteht aus mehreren Komponenten, die alle eine wichtige Rolle spielen bei der optimalen Anordnung und Ausnutzung des Tabaks, der so sorgfältig und gleichmäßig wie möglich angebaut, gereift, sortiert und fermentiert wurde.

◀ *Ganze, lange Blätter bilden die Einlage aller handgerollten Premium-Zigarren. Auf dem Regal liegt ein Bündel aus 50 Zigarren,* media ruedas *genannt.*

Die Einlage

Die Einlage ist gewissermaßen das Herz der Zigarre. Ihr verdankt sie den größten Teil ihres typischen Geschmacks und ihrer Stärke. Alle guten Premium-Zigarren haben eine Einlage aus ganzen Blättern, die Longfiller (Langblatt-Einlage) genannt wird. Es gibt drei Arten von Einlagen: *ligero* (vom oberen Teil der Pflanze, der *corona*; besonders aromatisch), *seco* (vom mittleren Teil der Pflanze; heller und leichter) und *volado* (vom unteren Drittel der Pflanze; wird vor allem wegen des guten Brandverhaltens verwendet). Das stärkere Ligero-Blatt bildet meist die Mitte der Einlage. Es wird vom helleren Seco-Blatt umhüllt. Das Volado-Blatt hüllt die beiden anderen ein.

Wie bereits beschrieben, setzt sich eine handgerollte Premium-Zigarre aus drei Bestandteilen zusammen: Einlage, Umblatt und Deckblatt. Alle Blätter werden speziell danach ausgewählt, für welchen Teil sie eingesetzt werden sollen.

Die drei Einlagenarten werden sorgfältig zusammengefältelt, ähnlich wie eine Ziehharmonika. Wenn Sie das Ende einer Premium-Zigarre betrachten, sollten Sie sehen, wie die Einlage gefaltet wurde. Das ist wichtig, weil es den Zug der Zigarre beeinflusst.

Das Umblatt

Das Umblatt, auch *capote* genannt, wird um die Einlage gewickelt. Obwohl es nur wenig zum Aroma beiträgt, sollte es die Kraft und den Geschmack der Einlage ergänzen und die Zugfestigkeit der Zigarre verbessern.

Das Deckblatt

Das Deckblatt ist das äußere Blatt der Zigarre. Alle sind sich darüber einig, dass Decker gut aussehen und elastisch sein sollen – aber was tragen sie zum Geschmack bei? Die meisten Kubaner sind der Ansicht, dass die Einlage den Geschmack einer Zigarre fast ganz bestimmt, während das Deckblatt nur den „Oberton" beisteuert. In anderen Ländern, etwa in der Dominikanischen Republik, glaubt man hingegen, das Deckblatt mache mindestens die Hälfte des Ge-

▲ *Ein Zigarrenroller fächert Einlagenblätter auf. Die „Ziehharmonikafaltung" sorgt für einen guten Zug der Zigarre.*

schmacks aus. Wie dem auch sei, man benötigt jedenfalls sehr viel Zeit, Fachwissen, Ausrüstung und Mühe, um gute Deckblätter zu produzieren, und darum sind sie auch der teuerste Bestandteil einer Premium-Zigarre.

Damit sich das Deckblatt nicht löst, wird am Kopf der Zigarre eine Kappe aus einem ausgesonderten Deckblatt befestigt. Sie wird vor dem Anzünden abgeschnitten.

▶ *Die Kappe verhindert, dass das Deckblatt sich löst. Eine runde Kappe ist (im Gegensatz zu einer spitzen) meist ein Zeichen für eine handgefertigte Zigarre.*

ZIGARRENHERSTELLUNG

Der Beruf der Zigarrenroller, der *torcedores* und *torcedoras*, ist legendär und geheimnisumwoben. Das Rollen einer Zigarre ist eine Kunst, für die man jahrelange Erfahrung braucht. In Kuba gibt es zum Beispiel in der Laufbahn eines Rollers mehrere Rangstufen, und es kann bis zu zehn Jahre dauern, bis jemand den höchsten Rang erreicht.

1 Der gereifte Tabak wird entpackt, sortiert und bei Bedarf befeuchtet, ehe er in den Mischraum kommt. Dort stellt der Mischmeister anhand der „Rezeptur" des Herstellers eine Einlagenmischung zusammen und verteilt diese dann an die Roller.

2 Der Roller legt ein Umblatt flach auf den Tisch und platziert darauf die Einlagenblätter. Diese werden wie ein Fächer gefaltet, um einen guten Zug zu gewährleisten. Dann wickelt der Roller das Umblatt um die Einlage und formt einen Wickel *(bonche)*. Diesen schneidet er mit einem halbkreisförmigen Messer *(chaveta)* auf die richtige Länge zu (je nach Zigarrentyp).

3 Der Wickel wird in die untere Hälfte einer Form gelegt. Diese Formen bestehen traditionell aus Holz, doch immer mehr Zigarrenhersteller benutzen heute auch Plastikformen. Deren Größe bestimmt jeweils das Ringmaß (den Umfang) der Zigarre. Die obere Hälfte der Form wird dann über die untere gelegt.

4 Mehrere geschlossene Formen werden gemeinsam 45–60 Minuten lang unter eine Presse gelegt. Man unterbricht das Pressen ein- oder zweimal, damit der Roller die Wickel drehen und dafür sorgen kann, dass aus ihnen gleichmäßige Zylinder werden. In größeren Fabriken steckt man die Wickel noch in Saugmaschinen, die den Zug prüfen. Fehlerhafte Wickel bekommt der Roller dann zurück. Er öffnet sie, rollt sie erneut und lässt sie noch einmal pressen. Gute Wickel sind reif fürs Deckblatt.

5 Deckblätter werden oft über Nacht eingeweicht, damit sie elastischer werden und beim Hantieren nicht zerreißen. Vor dem Rollen entfernt man bei Bedarf Blattrippen und legt das Deckblatt dann „mit dem Gesicht nach unten" auf den Tisch, sodass kleinere Adern nicht mehr sichtbar sind. Der Roller schneidet das Deckblatt auf die richtige Größe zu und legt den Wickel diagonal auf seine Mitte. Dann rollt er den Wickel ins Deckblatt.

6 Nun klebt man das Deckblatt mit pflanzlichem Klebstoff zusammen und schneidet überflüssige Teile ab. Ein Stückchen eines ausgesonderten Deckblatts wird als Kappe an einem Ende befestigt. Das offene Ende wird gestutzt. Dann prüft man den Durchmesser der Zigarre, um sicher zu sein, dass sie die richtige Länge und das korrekte Ringmaß hat.

Ein erfahrener Roller braucht im Schnitt vier bis fünf Minuten (ohne Pressen), um eine Zigarre zu rollen. Er fertigt also etwa 120 Zigarren am Tag.

QUALITÄTSKONTROLLE

Obwohl die Roller sich bemühen, erstklassige Zigarren zu liefern, gibt es auch mangelhafte Premium-Zigarren, denn es handelt sich schließlich um Handarbeit, und dabei können sich Fehler einschleichen. Durch strenge Qualitätskontrollen gelingt es Herstellern jedoch, die Fehlerquote auf ein Minimum zu reduzieren.

◄ *Zigarrenbündel vor der Kontrolle. Jeder Roller bindet je 50 seiner Zigarren zu Bündeln zusammen. Seine Arbeit wird anhand von acht Kriterien überprüft.*

D er Roller bündelt jeweils 50 frisch gerollte Zigarren und bindet ein farbiges Band um sie. Ein Bündel dieser Größe wird *media ruedas* („halbe Räder") genannt. Jeder Roller hat seine eigene Bandfarbe. Manchmal wird anstelle des Bandes auch eine kleine Karte mit der Kennzahl des Rollers und dem Datum des Rollens ins Bündel gesteckt. In einigen Fabriken werden die Bündel in einer verschlossenen Kammer kurz geräuchert, um Schädlinge zu vernichten. Das Aroma wird dadurch aber nicht beeinträchtigt.

Stichproben

Aus den Produkten eines jeden Rollers werden Stichproben in repräsentativer Zahl entnommen und untersucht. Die meisten Fabriken beurteilen ihre Zigarren

anhand von etwa acht Kriterien, darunter Länge, Ringmaß, Konsistenz, Aussehen des Fußes (das Ende der Zigarre, das man anzündet), Farbe, Textur und Glätte des Deckblatts. Häufig werden die Bündel auch noch gewogen. Da die Roller sehr gleichmäßig arbeiten, könnte es nämlich auf ein weiterreichendes Problem hindeuten, wenn ein Bündel zu viel oder zu wenig wiegt. Ist eine Zigarre zu schwer, enthält sie womöglich zu viel Tabak und zieht daher schlecht. Ist sie untergewichtig, enthält sie möglicherweise zu wenig Tabak und verbrennt deshalb zu schnell und zu heiß, wobei der Rauch dann bitter schmeckt.

Blindtests

Nachdem eine ausreichende Zahl von Zigarren kontrolliert wurde, unterzieht man einige von ihnen einem Blindtest. Der Tester *(cantador)* prüft ausschließlich morgens und raucht dabei ungefähr 2,5 cm einer Zigarre. Meist beurteilt er die Zigarren nach folgenden fünf Kriterien: Zug, Stärke, Aroma, Verbrennung und Geschmack, wobei jedes Kriterium

etwa sieben oder acht Abstufungen hat.
Zu jeder Zigarre macht der Tester dann
Notizen, die er seinem Vorgesetzten gibt.
Dieser kann anhand der Codenummer
den Roller identifizieren und auf mögli-
che Probleme hinweisen. Da Roller nur
für Zigarren bezahlt werden, die alle
Tests bestanden haben, sind sie natürlich
daran interessiert, optimale Arbeit zu
leisten. Dennoch kann es vorkommen,
dass ein ganzes Bündel abgelehnt wird
und der Roller den Lohn für einen oder
zwei Tage verliert.

Automatisierung

Im vorherigen Abschnitt wurde die traditionelle Qualitätskontrolle in Kuba
beschrieben, die auch für Fabriken in
anderen Karibikstaaten ein Vorbild ist.
Immer mehr Hersteller in der Dominikanischen Republik und anderswo auto-
matisieren jedoch die Kontrollen. Wie

▲ *Ein Arbeiter in Honduras testet den Zug einer
Zigarre an einer Maschine. Fällt eine Zigarre beim
Test durch, wird sie ausgesondert.*

bereits erwähnt, wird der Zug einer Zigarre oft mit Saugmaschinen geprüft,
und wahrscheinlich werden diese sich
langfristig durchsetzen. Andere Fabriken
wechseln von Holz- zu Plastikformen, die
angeblich länger halten und sich weniger
abnutzen. Zweifellos wird es in Zukunft
mehr maschinelle Neuerungen geben,
aber es ist doch unwahrscheinlich, dass
die Hand des erfahrenen Zigarrenrollers
je ersetzt werden kann.

▼ *Zigarren werden in der Zigarrenfabrik La Aurora
in der Dominikanischen Republik untersucht. Der
Prüfer beurteilt Aussehen und Geschmack einer
Zufallsauswahl.*

KÜHLRAUM UND FARBEINSTUFUNG

Nach der Qualitätskontrolle sind die Bündel bereit für die letzten Arbeitsschritte vor dem Verkauf. Man schätzt, dass jede Zigarre in dieser Phase etwa 200 verschiedene Stadien hinter sich hat, vom Säen und Pflegen bis zum Sortieren und Rollen – und jedes Stadium erfordert Handarbeit.

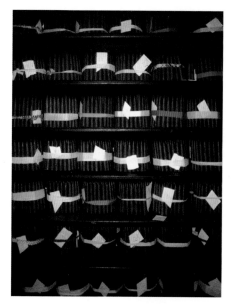

◄ *Kubanische Zigarren stehen in der Zigarrenfabrik Montecristo in Havanna gebündelt auf Regalen. Die Kärtchen verraten, welcher torcedor die Zigarren gerollt hat.*

Farbsortierung

Nach etwa drei Wochen im Kühlraum (manche Superpremium-Zigarren brauchen noch länger) werden die gebündelten Zigarren nach Farbnuancen sortiert. Da man rund 65 Farbtöne unterscheiden kann, überrascht es nicht, dass die Prüfer *(escogedores)* ebenso angesehen sind wie die erfahrensten Roller und ähnlich bezahlt werden.

Man teilt die 65 Farbtöne grob in fünf Hauptgruppen ein:

Bevor die Zigarren verpackt werden, bringt man sie in Kühlräume *(escaparates)*, wo sie den größten Teil der Feuchtigkeit verlieren, den der Tabak in der Fabrik aufgenommen hat. Denn vor dem Rollen werden manche Einlagen und Umblätter sowie die meisten Decker befeuchtet – oft über Nacht –, damit sie gut formbar werden. Im Kühlraum verbinden sich zudem die verschiedenen Tabakarten der Einlage, und es kommt zu einer abschließenden Fermentation, die (hoffentlich) alle Spuren von Bitterkeit beseitigt.

• *Maduro* Diese Decker sind am dunkelsten; manche sind sehr dunkelbraun. Ihr Geschmack variiert von süß (wegen der längeren Fermentation) über mild bis stark erdig. *Maduro* gilt meist als die traditionelle Farbe der kubanischen Zigarren. Ein gelegentlich verwendetes sehr dunkles *maduro* heißt *oscuro* und ist fast schwarz.

• *Colorado* Dies sind dunkle rötlich braune Deckblätter, die oft recht mild sind, aber

auch einen sehr starken Geschmack haben können. Einige schmecken hingegen eher süß.

• *Colorado claro* sind auch als EMS (English Market Selection) bekannt. Diese Deckblätter sind in der Sonne gewachsen, haben eine hellbraune bis braune Färbung und sind weniger kräftig als *colorado* und *maduro*.

• *Claro* Diese hellbraunen Deckblätter stammen meist von Tabakpflanzen, die im Schatten gewachsen sind. Sie haben einen milden, gleichmäßigen Geschmack.

• *Double claro* Diese hellgrünen Decker nennt man auch AMS (American Market Selection) oder *candela*. Wegen ihres äußerst milden Geschmacks waren sie einst in Amerika sehr beliebt. Inzwischen sind sie aus der Mode gekommen.

Nachdem die Zigarren präzise nach Farbnuancen sortiert worden sind, verpackt man sie in Kisten aus Zedernholz. Obwohl

Zigarren in der Färbung so einheitlich wie möglich sein sollen, kann es Unterschiede geben. In diesem Fall packt man die dunkleren nach links und die helleren nach rechts. Dann nimmt man die Zigarren einzeln aus der Kiste, um die Reihenfolge nicht zu verändern, und versieht sie mit Bauchbinden, auf denen die Marke angegeben ist.

► *Ein Qualitätsprüfer in einer kubanischen Fabrik untersucht Kisten mit Larranaga-Zigarren auf Deckblattfehler.*

KISTEN, SIEGEL UND ETIKETTEN

Obwohl viele Premium-Zigarren auch einzeln mit dünnem Zedernholz umhüllt in Aluminiumröhren erhältlich sind, werden die meisten in Kisten verpackt, die 25, 50 oder gar 100 Stück fassen. Die Kisten bestehen gewöhnlich aus Zedernholz, das Austrocknen verhindert, die Reifung fördert und selbst ein angenehmes Aroma hat.

◀ *Eine Kiste mit echten kubanischen Zigarren trägt einen Code auf dem Siegel, den man unter UV-Licht sieht.*

Meist werden die Kisten zusätzlich mit dekorativen Aufklebern versehen.

Fälschungen

Da die echten kubanischen Zigarren sehr teuer sind, besteht immer die Gefahr mit gefälschter Ware getäuscht zu werden. Vor dem Kauf sollten Sie die Kiste also genau ansehen. Sie sollte an der vorderen linken Seite ein Garantiesiegel mit der Aufschrift „Republica de Cuba" tragen. Zigarren, die vor 2000 gemacht wurden, haben ein grünes Siegel; alle, die nach 2000 hergestellt wurden, tragen ein schwarzes Siegel. Das Siegel sollte eine rote Seriennummer und ein unter UV-Licht sichtbares Emblem haben. Prüfen Sie, ob der Druck einheitlich klar und von guter Qualität ist.

Der Aufkleber „Habanos" muss die richtige Form haben. Auf genagelten Kisten befindet er sich an der oberen linken Ecke, auf Kisten mit Schiebedeckel an der unteren linken Ecke. Dieser Aufkleber ist 2 cm breit, und das Wort „Habanos" besteht aus roten Buchstaben, die orange-golden unterlegt sind. Zwei dicke schwarze Linien

Die beliebteste Zigarrenkistengröße fasst 25 Zigarren in zwei Schichten: Die obere Reihe enthält 13, die untere zwölf Zigarren. Trennwände aus Holz oder auch Pappe verhindern, dass die Zigarren herumrollen. Zwischen die zwei Schichten schiebt man ein dünnes Blatt aus Zedernholz. Innen wird die Kiste meist mit dünnem Buntpapier ausgelegt, das man über die Zigarren faltet.

Nach einer letzten Kontrolle wird der Deckel der Kiste, der meist ein Stoffscharnier besitzt, mit einem kleinen Nagel verschlossen. Dann klebt man Etiketten auf, die das Ursprungsland, das Verpackungsdatum und den Code des Herstellers angeben. Die Ecken dieses Kistentyps halten kleine Nägel oder Nadeln zusammen.

▲ Eine Zigarrenkiste wird in einer Fabrik in Havanna mit einem Stempel versehen, der den Händler angibt.

verlaufen entlang den äußeren Kanten; innen sind es zwei dünne goldene Linien. Links neben den Buchstaben sind die schematischen Umrisse eines Tabakblatts zu sehen.

Habanos S.A.

Auf der Unterseite der Kiste befindet sich ein Prägestempel mit folgendem Text:

Habanos S.A.
HECHO EN CUBA
Totalmente a mano

Achten Sie darauf, dass diese Worte eingeprägt, nicht aufgestempelt oder aufgedruckt sind. Ebenfalls auf der Unterseite befindet sich ein Stempelabdruck, der die Fabrik und das Datum in Form eines Codes aus Buchstaben und Zahlen angibt.

Händlersiegel

Einige Großimporteure haben als Schutz gegen Fälschungen eigene Garantiesiegel eingeführt. In Deutschland sollte die Kiste die sogenannte „Goldene Insel" aufweisen. Dieses Siegel trägt folgende Aufschrift:

Wir garantieren für direkt aus Cuba importierte Habanos
5TH AVENUE PRODUCTS
OFFIZIELLER ALLEINIMPORTEUR VON HABANOS

Die Zigarren sollten gleich lang sein, die Bauchbinden sich oben und auf gleicher Höhe befinden, und der Druck der Bauchbinden sollte hervorragend sein. Die Füße der Zigarre müssen scharf geschnitten, die Kappen glatt und sauber sein. Bei handgemachten Zigarren ist am Ende die „Ziehharmonikafalte" sichtbar. Kaufen Sie die Zigarren nicht, wenn Tabak herausfällt!

◄ Ein Arbeiter packt in der Fabrik Partagás in Havanna Zigarren in die traditionelle Zedernkiste.

ZIGARRENFORMATE

Es gibt eine verwirrende Vielfalt von Zigarrengrößen und -formen. Zudem geben verschiedene Hersteller in verschiedenen Ländern denselben Größen und Formen unterschiedliche Namen. Da es keine offizielle Liste der Zigarrenformate gibt, werden in diesem Kapitel die Formate vorgestellt, denen Sie am häufigsten begegnen werden.

B ei Gesprächen über Zigarrenformate fällt meist das Wort *vitola*. Dieser Begriff wird allerdings in zwei Kontexten verwendet: *vitola de galera* und *vitola de salida* (oder *fabrica*). Ersteres ist die Formatbezeichnung, die von der herstellenden Fabrik stammt; Letzteres ist die Formatbezeichnung des Handels. Der Begriff *vitola* steht meist für die Größe und Form der Zigarre. Alle „Dalia"-*Vitolas* sind 170 mm lang und haben ein Ringmaß von 43, einerlei, ob es sich um eine Ramón Allones 898, eine Gloria Cubana Medaille d'Or No. 2 oder eine Cohiba Siglo V handelt.

Ringmaß

Der Durchmesser einer Zigarre wird in Vierundsechzigsteln eines Inch (1 Inch = 254 mm) gemessen. Eine Zigarre mit dem Ringmaß 42 hat also einen Durchmesser von 42/64stel Inch; eine mit dem Ringmaß 32 ist ein halbes Inch dick. Ringmaße werden immer als Inch-Bruchteile gemessen, in den USA und in England misst man auch die Länge der Zigarre in Inch.

Formen

Zigarren bezeichnet man als *parejos* (gerade Kanten) oder *figurados* (unregelmäßig geformt; da das Wort „schwierig

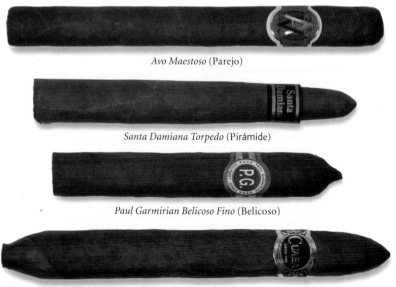

Avo Maestoso (Parejo)

Santa Damiana Torpedo (Pirámide)

Paul Garmirian Belicoso Fino (Belicoso)

Cuaba Salomon (Perfecto)

GEBRÄUCHLICHE FORMATE

Die folgende Tabelle enthält die gebräuchlichsten Zigarrenformate. Dem „klassischen" Havanna-Namen folgt der nichtkubanische, falls vorhanden.

Vitola	Länge (Bandbreite) in mm	Ringmaß (Bandbreite)
Großes Ringmaß		
*Gran Corona	235	47
Prominente (Double Corona)	194 (171–197)	49 (49–54)
Julieta 2 (Churchill)	178 (171–200)	47 (46–48)
Pirámide (Pyramid)	156 (152–178)	52 (46–54)
Double Robusto (Toro)	152 (143–168)	50 (48–54)
Corona Gorda (Grand Corona)	143 (143–168)	46 (45–47)
Campana (Belicoso)	140 (140–165)	52 (50–54)
Hermoso No. 4 (Robusto)	127 (114–140)	48 (48–54)
Robusto (Robusto)	124 (114–140)	50 (48–54)
Standardringmaß		
Dalia (Lonsdale)	171 (165–184)	43 (40–44)
Cervante (Lonsdale)	165 (165–184)	42 (40–44)
Corona Grande (Long Corona)	156 (149–162)	42 (40–44)
Corona (Corona)	140 (140–146)	42 (40–44)
Nacionales (Corona)	140 (140–146)	40 (40–44)
Mareva (Petit Corona)	127 (102–127)	42 (40–44)
Petit Cetro (Petit Corona)	127 (102–127)	40 (40–44)
Standard (Petit Corona)	120 (102–127)	40 (40–44)
Franciscano (Petit Corona)	114 (102–127)	40 (40–44)
Minuto (Petit Corona)	111 (102–127)	42 (40–44)
Perla (Petit Corona)	102 (102–127)	40 (40–44)
Kleines Ringmaß		
Laguito No.1 (Long Panatela)	191 (178–229)	38 (35–39)
Ninfas (Slim Panatela)	178 (127–178)	33 (30–34)
Laguito No. 2 (Long Panatela)	152 (178–229)	38 (35–39)
Belvederes (Short Panatela)	127 (102–137)	39 (35–39)
Veguerito (Short Panatela)	127 (102–137)	37 (35–39)
Seoane (Short Panatela)	127 (102–137)	36 (35–39)
Carolina (Short Panatela)	120 (102–137)	36 (35–39)
Cadete (Short Panatela)	114 (102–137)	36 (35–39)
Laguito No. 3 (Cigarillos)	114 (102–152)	26 (26 oder weniger)
Chicos (Small Panatela)	105 (102–127)	30 (30–34)
Entreacto	98	30

*Es gibt auch eine recht gebräuchliche nichtkubanische Größe namens Giant. Sie ist 203 mm lang oder länger und hat ein Ringmaß von 50 oder höher.

zu rollen" bedeutet, wird es bisweilen auch für die größten *parejos* benutzt). Die häufigsten *figurados* sind *pirámide* (breites Ende, spitzer Kopf), *belicoso* (spitze Kappe), *perfecto* (zwei spitze Enden) und *culebra* (drei schlanke, miteinander verschlungene Zigarren). Diese Begriffe werden überall auf der Welt unterschiedlich gebraucht.

DIE WAHL DER ZIGARRE

Ausgestattet mit vielen Informationen über Zigarren, ihre Herstellung und ihre Formen und Größen, sind Sie nun bereit, eine Zigarre aus- zusuchen. Am besten kaufen Sie Zigarren bei einem seriösen Tabak- händler, der seine Zigarren in einem begehbaren Humidor oder zumin- dest in einem großen, befeuchteten Schrank aufbewahrt.

◀ *Wenn Sie handgefertigte Zigarren kaufen wollen, achten Sie auf die Worte „Totalmente a mano" auf der Unterseite der Kiste.*

In den vorangegangenen Abschnitten wurden bereits einige Etiketten, Stempel und Aufkleber beschrieben, die sich auf einer Kiste mit echten Havan- na-Zigarren befinden. Nun geht es um weitere Etiketten, die Sie möglicherweise auf einer Zigarrenkiste finden. Mit diesem Wissen können Sie maschinengefertigte Zigarren identifizieren und es vermeiden, sie versehentlich zu kaufen.

Noch mehr Etiketten

Auf dem Boden einer kubanischen Zigar- renkiste stehen die Worte „Totalmente a mano" („Vollständig handgefertigt"). Ist das Etikett echt, garantiert es, dass die Zi- garren auf traditionelle kubanische Weise gerollt wurden, also mit Longfillern, die von Hand zu Wickeln geformt und in ein Deckblatt gedreht wurden. Außerdem le- sen Sie die Worte „Hecho en Cuba" („Her- gestellt in Kuba"), die genau genommen

nur das Herkunftsland angeben, nicht die Herstellungsweise. Hüten Sie sich vor Kis- ten, auf denen „Hecho a mano" oder „Hand-rolled" oder „Hand-finished" steht. Das kann vieles bedeuten. Von Maschinen gebündelte Zigarren mit minderwertigem, homogenisiertem Tabak als Einlage, die von Hand ins Deckblatt gewickelt wurde, heißen oft „Hecho a mano". Für Unvor- sichtige und Uneingeweihte mögen sie ei- nen guten Zug haben und wie ordentliche Zigarren schmecken, aber sie entfalten nicht die komplexen, aber subtilen Aromen einer gut fermentierten und gereiften Ein- lage. Das ist durchaus in Ordnung, wenn Sie keine Premium-Preise zahlen; andern- falls werden Sie übers Ohr gehauen. Soll- ten Sie das Etikett „Envuelto a mano" oder „Hand-packed" („handgepackt") finden, handelt es sich um maschinell gefertigte Zigarren, die von Hand ausgewählt und verpackt wurden.

Größe

Wenn Sie sicher sind, dass Sie handgeroll- te Premium-Zigarren vor sich haben, ist die Größe der nächste wichtige Aspekt. Zigarren mit hohem Ringmaß haben

meist einen komplexeren oder volleren Geschmack, weil man für sie eine vielfältigere Einlage (*ligero, seco* und *volado*) verwendet. Zudem werden größere Zigarren oft von erfahreneren *torcedores* gerollt und haben daher eine hochwertigere Struktur. Unerfahrene Raucher sollten sich für eine Zigarre mit kleinerem Ringmaß entscheiden und sich zu den größeren *vitolas* langsam hinaufarbeiten.

Deckblätter

Ein anderer wichtiger Aspekt bei der Wahl einer Zigarre ist die Farbe des Deckblatts. Dunklere Decker haben meist einen süßeren, volleren Geschmack, während hellere

▲ *Tabakhändler helfen Ihnen gern, eine Zigarre auszuwählen, die Ihrem Geschmack entspricht.*

Zigarren eher mild sind. Allerdings variiert der Geschmack je nach Mischung und Alter der Einlage. Achten Sie auch darauf, dass das Deckblatt nicht beschädigt ist.

Gehen Sie vorsichtig mit einer Zigarre um. Sie brauchen ein Deckblatt nur knapp unterhalb der Bauchbinde leicht zu drücken, um festzustellen, ob die Zigarre so elastisch ist, wie sie sein soll. Eine zu harte Zigarre ist womöglich zu stark gefüllt oder verstopft; eine zu weiche hat vielleicht zu wenig Einlage. Ein zu trockenes Deckblatt erzeugt ein knackendes Geräusch; ein zu feuchtes fühlt sich schwammig an.

Scheuen Sie sich nicht, Fragen zu stellen. Erkundigen Sie sich danach, wann die Zigarren hergestellt wurden. Sind es *puros* (d. h., stammt der gesamte Tabak aus einem Land?), oder kommen Einlage, Umblatt und Deckblatt aus verschiedenen Ländern? Können Sie die Zigarren sofort rauchen, oder müssen sie reifen (siehe Seite 82–83)?

▶ *Die Farbe des Deckblatts ist ein Indiz für den Geschmack der Zigarre. Dunklere Decker haben meist einen volleren Geschmack.*

DAS RAUCHEN

Es wird viel darüber geschrieben, wie man eine Zigarre zu rauchen oder nicht zu rauchen hat. Manche Tipps sind vernünftig, viele aber auch völlig aus der Luft gegriffen. Wahrscheinlich liegt es im Wesentlichen an Ihrer Persönlichkeit, wie Sie eine Zigarre halten; die Größe Ihrer Hände im Verhältnis zur Größe der Zigarre ist jedoch sicherlich ein Faktor, den es dabei zu berücksichtigen gilt.

Alle Zigarrenkenner stimmen darin überein, dass man vor dem Rauchen die Kappe abschneiden muss; andernfalls zieht die Zigarre nämlich nicht. Bei Weitem am häufigsten wird dafür ein „Cutter" benutzt. Dieses Gerät gibt es in vielen verschiedenen Varianten, sein Griff kann aus Plastik, aber auch aus Platin bestehen. Solange die Messer des Cutters scharf bleiben, löst er seine Aufgabe perfekt. Achten Sie bei Standardzigarren (parejos) darauf, wo die Kappe am Rest der Zigarre anliegt; dort sollte eine Linie um die Zigarre herumlaufen. Schneiden Sie nicht über diese Linie hinaus, damit das Deckblatt sich nicht langsam auseinanderfaltet, während Sie Ihre teure Upmann rauchen. Ein 2–3 mm breiter Schnitt ist in der Regel ausreichend und sorgt für einen guten Zug. Bei figurados ist die Linie meist weiter oben, sodass Sie 7–8 mm abschneiden sollten.

Alternativen

Es gibt aber auch andere Geräte zum Anschneiden. Viele Kenner bevorzugen Zigarrenscheren. Diese gewährleisten zwar einen sauberen Schnitt, allerdings muss man ihren Gebrauch erst ein wenig üben. Für Anfänger sind sie daher nicht zu empfehlen.

Manche Leute (Winston Churchill gehörte zu ihnen) bohren mit einer Lanzette oder einem Bohrer ein kleines Loch in die Kappe, durch das der Rauch austreten kann. Leider drücken diese Instrumente manchmal die Einlage zusammen und erzeugen direkt unter der Kappe einen kleinen Tabakpfropfen. Dort können sich Teer und Öl ansammeln und den Geschmack des Rauchs verderben, wenn Sie ihn in den Mund ziehen.

Das Anzünden

Wenn Sie die Kappe der Zigarre abgeschnitten haben, ist das Anzünden der nächste Schritt. Seien Sie wählerisch, und meiden Sie unbedingt Benzinfeuerzeuge. Diese geben einen öligen Geruch ab, der in die Zigarre eindringt, wenn Sie zum ersten Mal an ihr ziehen, und ihren Geschmack ruiniert. Auch Schwefelhölzer stören das Geschmackserlebnis.

Zigarren-Cutter

▲ Es mag höflich sein, jemandem Feuer anzubieten, aber Zigarrenraucher bevorzugen es, ihre Zigarren im eigenen Tempo selbst anzuzünden.

Die besten Werkzeuge zum Anzünden einer Zigarre sind Feuerzeuge, die geruchloses Gas enthalten und eine große, regulierbare Flamme haben, sowie lange schwefelfreie Streichhölzer.

Halten Sie das Ende der Zigarre waagrecht in die Flamme, und drehen Sie es so, dass es gleichmäßig anbrennt. Stecken Sie die Zigarre dann in den Mund, halten Sie die Flamme etwa 2 cm vor das Zigarrenende, und ziehen Sie langsam, während Sie die Zigarre drehen. Wenn sie gut brennt, pusten Sie auf das glühende Ende, damit es gleichmäßig abbrennt; andernfalls brennt es an einer Seite schneller.

Nehmen Sie sich Zeit

Premium-Zigarren sollte man genießen. Einige Züge in der Minute genügen, um den komplexen Geschmack auszukosten. Es schadet nicht, wenn die Zigarre ausgeht – manche neigen sogar dazu. Zünden Sie sie einfach wieder an. Streifen Sie nicht die Asche vom Ende ab, denn sie trägt dazu bei, dass die Zigarre mit der richtigen Temperatur brennt. Erst wenn die Asche fast von selbst abfällt, sollten Sie die Zigarre sanft in einem Aschenbecher rollen, um die Asche zu entfernen.

Es liegt ganz an Ihnen, wann Sie eine Zigarre löschen. Wenn aber der Rauch ätzend und heiß wird, haben Sie das Beste aus der Zigarre herausgeholt. Dies setzt in der Regel ein, nachdem etwa zwei Drittel abgeraucht sind. Drücken Sie die Zigarre nicht aus, weil dabei das restliche Öl verbrennt und ein unangenehmer Geruch und ein Schmutzfleck zurückbleiben. Am besten lassen Sie sie von alleine ausbrennen und werfen sie dann weg.

Zigarrenschere

LAGERUNG

Man kann Zigarren überraschend lange aufbewahren, ehe man sie rauchen muss. 10–15 Jahre sind wohl die längste Lagerzeit, obwohl manche Leute immer noch genüsslich Havannas aus der vorrevolutionären Zeit rauchen. Aber ihnen geht es vermutlich mehr um den geschichtsträchtigen Moment als um den Zigarrengeschmack.

◀ *Für die meisten Zigarrenliebhaber ist ein Humidor eine kleine Investition, die eine viel größere Investition – wertvolle Zigarren – jahrelang schützt.*

gelmäßigen Besuche werden sich bestimmt lohnen, weil Sie immer wieder wertvolle Ratschläge bekommen.

Humidore

Wenn Sie mehr rauchen (denken Sie an Ihre Gesundheit!) oder der nächste Tabakhändler weit entfernt ist, sollten Sie sich einen Humidor anschaffen. Man bekommt Humidore in vielen Formen und Größen. Manche können 25 Zigarren aufnehmen und passen gut auf den Tisch, andere haben Platz für 2500 Stück und sind groß wie ein Kühlschrank. Unabhängig davon, wie viel Geld Sie ausgeben wollen, ist es wichtig, dass der Humidor seinen Zweck erfüllt. Die besten Geräte bestehen meist aus Mahagoni, haben gute Scharniere, fühlen sich solide an und sind mit spanischem Zedernholz ausgekleidet. Sie sorgen für die richtige Feuchtigkeit, verhindern Insektenbefall und machen Ihre Zigarren aromatischer. Die meisten Humidore sind mit einem passiven Befeuchter ausgestattet. Er enthält Propylenglycol, das Wasser absorbiert oder freisetzt, je nach Feuchtigkeit im Humidor. So wird eine Feuchtigkeit zwischen 68–72 Prozent beibehalten. Le-

Zigarren sollte man bei einer Luftfeuchtigkeit von 65–70 Prozent lagern, andernfalls trocknen die natürlichen Öle aus, und der Rauch schmeckt unangenehm bitter. Da die Feuchtigkeit in einem durchschnittlichen Haus etwa 50 Prozent beträgt (in klimatisierten Räumen noch weniger), können Sie Zigarren, selbst wenn sie in Aluminiumröhren stecken, nicht länger als ein paar Tage in einer Schublade liegen lassen, ohne dass sie austrocknen.

Wenn Sie nur vier oder fünf Zigarren in der Woche rauchen, können Sie sich bei Bedarf einfach Nachschub beim Tabakhändler besorgen. Alle guten Händler lagern ihre Zigarren korrekt, und Ihre re-

gen Sie nach dem Kauf eines Humidors nicht sofort Zigarren hinein, sondern prüfen Sie zuerst, ob Propylenglykol eingefüllt ist. Wenn ja, geben Sie destilliertes Wasser dazu und warten, bis die Feuchtigkeit den erforderlichen Wert erreicht. Falls Sie unsicher sind, wie viel Wasser Sie einfüllen müssen oder ob das Propylenglykol enthalten ist, lassen Sie sich vom Lieferanten beraten.

Hygrometer

Viele Humidore haben eingebaute Feuchtigkeitsmesser. Diese sehen zwar hübsch aus, sind aber nicht sehr genau. Man sollte

▲ Kaufen Sie in einem Restaurant oder in einer Bar nur Zigarren, die wie hier in einem Humidor aufbewahrt worden sind; dann schmecken sie am besten.

sich daher nicht auf sie verlassen. Wenn Sie sich Sorgen wegen der Feuchtigkeit machen, sollten Sie ein billiges digitales Hygrometer kaufen. Es ist viel genauer (wenn auch nicht so attraktiv) und zeigt oft auch die Temperatur an.

Die Temperatur

Zum Glück mögen Zigarren eine Temperatur, die Menschen ebenfalls angenehm finden, nämlich 15,5–21 °C. Solange Ihr Humidor in einem regelmäßig benutzten Teil Ihres Hauses steht und vor Sonne geschützt ist, geht es Ihren Zigarren gut. Nur wenn Sie in extremen Klimaverhältnissen leben, müssen Sie auf die Außentemperatur achten, vor allem, wenn sie oft unter 15,5 oder über 26,5 °C liegt – denn dann beeinflusst sie irgendwann die Temperatur im Humidor.

◄ Diese 60 Jahre alten kubanischen Zigarren in ihrem originalen Humidor dürften jetzt trocken sein. Aber nach sechs Monaten in einem modernen Humidor kann man sie wieder rauchen.

DAS NACHREIFEN

Die meisten Kenner halten es für unerlässlich, Zigarren nachreifen zu lassen, damit Premium-Marken aus der Dominikanischen Republik, Kuba oder Honduras ihr volles Aroma entfalten. Das Reifen verbessert nicht nur den Geschmack, weil die verschiedenen Tabake sich weiter vermischen, sondern auch das Brandverhalten und den Zug.

Leider weiß niemand genau, wie lange man Zigarren reifen lassen muss, damit sie optimal schmecken. Die meisten Aficionados sind sich allerdings darin einig, dass man handgerollte Zigarren entweder innerhalb von 10–12 Wochen nach der Herstellung rauchen oder mindestens ein Jahr lagern sollte. Die Zeit dazwischen wird oft als „Krankheitsphase" angesehen, denn in dieser Phase beginnt die Zigarre zu reifen und schmeckt fade und langweilig. Eine ähnliche Phase gibt es auch beim Wein. Viele junge Weine schmecken einige Jahre lang gut. Wenn man sie danach öffnet, halten sie ihr volles, komplexes Bouquet zurück. Doch nach einigen weiteren Jahren erreichen sie das dritte Stadium und werden wieder lebendig.

Was das Reifen anbelangt, haben Zigarren und Weine viel gemeinsam, zum Beispiel die oben erwähnte „Krankheitsphase". Prüfen Sie also beim Kauf das Herstellungsdatum der Zigarren, beispielsweise anhand des Stempels auf der Unterseite der Kiste (der aber nicht immer leicht zu entziffern ist).

▼ *Wenn Sie keinen ausreichend großen Humidor besitzen, sollten Sie verschiedene Zigarrenmarken nicht zusammen lagern, sonst beeinflussen sich die unterschiedlichen Tabake und vermischen ihre typischen Geschmacksnoten zu einer gemeinsamen Mischform.*

Ein bis zwei Jahre

Nahezu alle Zigarren schmecken besser, wenn sie ein bis zwei Jahre gereift sind. Sehr ölige Zigarren werden selbst nach dieser Zeit immer besser; mildere und hellere Zigarren – zum Beispiel aus der Dominikanischen Republik – schmecken allerdings fade, wenn man sie viel länger aufbewahrt.

Reiferes Rauchwerk

Zu den Zigarren, die am meisten von einer längeren Reifung von etwa drei bis sieben Jahren profitieren, gehören kubanische und honduranische Marken mit großem Ringmaß. Diese öligen Kreationen werden mit dem Alter zwar milder und verlieren Säure, aber sie behalten ihr komplexes Aroma, wenn ihre trockeneren Gefährten schon fade geworden sind. Allerdings ist es unwahrscheinlich, dass Havannas weiter reifen, die lange oder gar zusätzlich fermentiert worden sind.

Nach Lagerzeiten von über zehn Jahren ist es schwer vorauszusagen, wie eine Zigarre schmecken wird. Einige der dicksten nehmen vielleicht ein modriges Aroma an,

▲ *Einige gut ausgestattete Tabakhändler haben begehbare Humidore mit individuellen „Schließfächern", in denen Kunden ihre Zigarren aufbewahren können.*

andere das von Schimmelkäse – beides wird von Kennern geschätzt.

Sollte eine geliebte Zigarre Sie im Laufe eines Reifungsprozesses ein wenig enttäuscht haben, ist es kein Risiko, die restlichen Exemplare noch ein weiteres Jahr in der Kiste reifen zu lassen und gelegentlich zu prüfen, wie die Zigarren sich machen. In diesem Fall müssen Sie aber viele Zigarren auf einmal kaufen, und dafür brauchen Sie eine dicke Brieftasche.

Noch eine Warnung: Versuchen Sie nicht, verschiedene Einzelstücke zusammen im Humidor reifen zu lassen. Sie nehmen den Geschmack und das Aroma ihrer Nachbarn an und schmecken bald alle gleich. Es ist viel besser, Zigarren in ihren Kisten oder Etuis reifen zu lassen. Dafür brauchen Sie entweder einen entsprechend großen Humidor oder einen netten Tabakhändler, der die Zigarren für Sie lagert.

ZIGARREN-KNIGGE

Manchmal ist es schwierig, zwischen sinnvollen Benimmregeln und purem Snobismus zu unterscheiden. Deshalb wird in diesem Kapitel nur kurz auf ein paar Verhaltensweisen aufmerksam gemacht, die angemessen sind, und auf das ein oder andere hingewiesen, was Sie vermeiden sollten, um sich nicht lächerlich zu machen.

◄ Wenn Sie heutzutage an einem öffentlich zugänglichen Ort rauchen, brechen Sie möglicherweise ein Gesetz.

zustellen – vielleicht hat er oder sie ja nur noch neben dem Raucherbereich einen Sitzplatz gefunden.

Bauchbinden
Über Bauchbinden wird heiß diskutiert: Soll man sie an der Zigarre lassen, und soll man auf sie „hören"? Ersteres ist Ansichtssache. Manche Leute halten es für schlechten Stil, offen die Marke zu zeigen, die man raucht, und nehmen daher die Banderole ab; anderen ist das gleichgültig. Wenn Sie die Bauchbinde entfernen wollen, sollten Sie die Zigarre zuerst anzünden und ein oder zwei Minuten rauchen, damit der Klebstoff weich wird und Sie die Binde abnehmen können, ohne den Decker zu beschädigen.

Es entbehrt nicht einer gewissen Ironie, dass Zigarren- und Pfeifenraucher wegen ihres „Lasters" oft härter kritisiert werden als Zigarettenraucher, stecken doch in einer handgerollten Premium-Zigarre wesentlich mehr Liebe und Sinn fürs Detail als in einer herkömmlichen Zigarette. Allerdings riecht Zigarrenrauch stärker als Zigarettenrauch. Nehmen Sie also Rücksicht auf Ihre Mitmenschen. Selbst wenn Sie sich in einer Raucherzone aufhalten, ist es nicht immer angebracht, auf Ihrem Recht zu bestehen, wenn jemand Sie bittet, das Rauchen ein-

„Auf die Bauchbinde hören" bedeutet, eine Zigarre an der Banderole am Ohr zu rollen und auf das Geräusch zu achten. In den meisten Kreisen ist dies streng verpönt. Dennoch steckt darin ein gewisser Sinn: Wurde die Zigarre nämlich zu trocken aufbewahrt, knackt das Deckblatt, wenn Sie sanft darauf drücken, und das ist direkt am Ohr deutlicher zu hören. Aber es empfiehlt sich, dies zu Hause zu tun!

▲ Es galt einst als vulgär, eine Zigarre mit Bauchbinde zu rauchen. Heute erregen Sie eher Aufsehen, wenn Sie zwei Zigarren gleichzeitig rauchen!

Tunken

Manche Menschen tunken die Spitze einer Zigarre vor dem Anzünden in ihren Portwein, Brandy oder Cognac. Das ist, als würden Sie ein großes Loch in einen edlen Schimmelkäse bohren und mit Wein füllen. Es verdirbt den Geschmack des Käses und verursacht noch dazu eine ziemliche Kleckerei. Tun Sie es, wenn Sie nicht anders können, aber machen Sie sich dann auf einige befremdete Blicke gefasst!

Anschneiden und Anzünden

Schneiden Sie für niemanden das Zigarrenende ab, ohne vorher zu fragen. Die meisten Leute erledigen das lieber selbst. Denken Sie daran, wie peinlich es wäre, wenn Sie zu viel abschneiden würden! Halten Sie auch niemandem ein Feuerzeug oder Streichholz unter die Zigarre. Dadurch zwingen Sie den anderen womöglich, die Zigarre zu hastig anzuzünden und zu verderben. Es ist viel besser, nur das Feuerzeug oder die Streichholzschachtel anzubieten, damit Ihr Gegenüber seine oder ihre Zigarre im eigenen Tempo in Brand setzen kann.

Asche

Achten Sie auf die Asche. Manche Zigarrenraucher schwören zwar, dass Asche einem Teppich guttut, aber diese Angewohnheit kann selbst rücksichtsvollen Rauchern einen schlechten Ruf verschaffen. Benutzen Sie also lieber einen Aschenbecher.

◀ Sie sollten es dem Raucher selbst überlassen, das Ende seiner Zigarre abzuschneiden, vor allem wenn es um eine seltene Cohiba geht.

3

Das Zigarrenlexikon stellt bekannte Zigarrenmarken aus Kuba, der Dominikanischen Republik und anderen Zigarren produzierenden Ländern der Welt vor. Es ist alphabetisch nach Marken geordnet. Manche Zigarren sind nur in den USA erhältlich, andere hingegen, vor allem kubanische, sind wegen des Handelsembargos in den USA nicht erhältlich.

Auch die Geschichte der berühmten Marken, zum Beispiel Cohiba, H. Upmann, Punch und C.A.O., wird im Lexikonteil erzählt. Sie erfahren, wie die Zigarren entstanden, woher ihr Tabak stammt und welche faszinierenden Geschichten mit ihnen verbunden sind. Auf subjektive Bewertungen des Geschmacks verzichtet das Lexikon bewusst, aber es weist auf die Stärke der jeweiligen Zigarrensorte hin.

Man empfiehlt Anfängern, mit Marken zu beginnen, die als mild gelten, etwa einige aus der Dominikanischen Republik, und sich langsam zu den stärkeren, vollmundigen Exemplaren vorzuarbeiten, von denen viele aus Kuba kommen. Diese sind oft eher etwas für Kenner, und nur erfahrene Zigarrenliebhaber können ihre komplexen, vollen Aromen und ihre Deftigkeit voll auskosten.

Erklärung der Symbole

🗐 Handgefertigt

Ⓢ Stärke

◉ Herkunftsland der Einlage

◓ Herkunftsland des Umblatts

◯ Herkunftsland des Deckblatts

ZIGARREN-LEXIKON

ARTURO FUENTE [DOMINIKANISCHE REPUBLIK]

OpusX Petit Lancero

Trotz vieler Rückschläge im Laufe ihrer vier Generationen umfassenden Geschichte stellt die Familie Fuente heute einige der gefragtesten Zigarren weltweit her. Wie so viele berühmte Zigarrenmacher hat auch diese Familie ihre Wurzeln in Kuba. Dort lernte Arturo Fuente von seinem Vater, Tabak anzubauen und Zigarren von Hand zu machen. Heute ist die Firma in der Dominikanischen Republik angesiedelt.

1912 gründete Arturo Fuente in Ybor City, in Tampa, Florida, im Hinterhof des Wohnhauses der Familie eine kleine Zigarrenfabrik. In diesem Umfeld entdeckte Arturos Sohn Carlos sen., der derzeitige Vorstandsvorsitzende, seine Leidenschaft für Zigarren. Er übernahm den Betrieb von seinem Vater und versuchte angesichts des Niedergangs der Zigarrenherstellung in Florida, Fabriken in Nicaragua und Honduras aufzubauen, jedoch ohne Erfolg – beide Fabriken brannten nach kurzer Zeit ab. Unbeirrt zogen Carlos sen. und sein Sohn Carlos jun., heute Generaldirektor von Arturo Fuente, 1980 in die Dominikanische Republik, wo sie einen kleinen Betrieb mit nur sieben Arbeitern gründeten.

Was handgefertigte Zigarren anbelangt, blieb die Familie innovativ, aber kompromisslos und gewann dadurch immer mehr treue

FUENTE FUENTE (OPUSX)
📄 Ⓢ Stark ⬤ Dominikan. Rep. ⬤ Dominikan. Rep.
◯ Dominikan. Rep.

Name	Länge (mm)	Ringmaß	Form
Belicoso XXX	117	49	Figurado
Fuente Fuente	143	46	Coronas
Petit Lancero	159	38	Panatelas
Double Corona	194	49	Double Corona
Perfecxion A	244	47	Giants

ARTURO FUENTE (GRAN RESERVA)
📄 Ⓢ Medium bis stark ⬤ Dominikan. Rep.
⬤ Dominikan. Rep. ◯ Kamerun/Connecticut/Ecuador

Name	Länge (mm)	Ringmaß	Form
Exquisito	114	33	Demi Tasse
Brevas Royal	140	42	Coronas
Presidente	165	50	Toro
Double Château Fuente			
Maduro	171	50	Churchill
Sun Grown	171	50	Churchill
Canones	216	52	Double Corona

Kunden in den USA. Im Herbst 1994 erhielt sie ihren verdienten
Lohn, als eine Zigarre mit einem Deckblatt von ihrer eigenen Farm,
Château de la Fuente, bei einem Test der Zeitschrift *Cigar Aficionado*
mehrere Havannas besiegte. Skeptiker hatten ernsthaft an der Qualität der Decker gezweifelt, die in der Dominikanischen Republik
gewachsen waren. Traditionell hatte man für die Zigarren des Landes
Deckblätter aus Kamerun oder den USA verwendet. Die heute berühmte Fuente Fuente OpusX ist bei Kennern in aller Welt äußerst
gefragt, doch der extrem lange Reifungsprozess, auf dem Carlos
Fuente sen. und jun. beharren, hat zu einer langen Warteliste geführt. Dennoch sieht die Zukunft für die Fans dieser illustren Zigarre
vielversprechend aus, da die Familie derzeit zusätzliche 60 Hektar
Land in der Nähe ihrer Farm erschließt. Sie glaubt, der Boden sei für
Deckblätter ebenso gut oder sogar besser geeignet als der Boden
der Château de la Fuente.

Neben der Serie OpusX produziert Arturo Fuente noch seine berühmten Gran-Reserva-Zigarren, deren erlesene Einlage in Deckblätter aus Kamerun, Connecticut (Shade) und neuerdings auch Ecuador
(sonnengezogen) gedreht werden. Die gut gerollten Zigarren reifen in
spanischen Zedernkammern.

Andere beliebte Serien der Château de la Fuente sind unter anderem Don Carlos – „Der Stolz der Familie Fuente" – und Hemingway.
Sie lassen die einstige Perfecto- und Añejo-Serie wiederaufleben.

ARTURO FUENTE (DON CARLOS)
📄 🚬 Medium bis stark ◉ Dominikan. Rep.
◉ Dominikan. Rep. ○ Kamerun

Name	Länge (mm)	Ringmaß	Form
Belicosos	137	52	Figurado
Double Robusto	146	52	Toro
Don Carlos No. 2	152	55	Torpedo
Presidente	165	50	Toro

ARTURO FUENTE (HEMINGWAY)
📄 🚬 Medium bis stark ◉ Dominikan. Rep.
◉ Dominikan. Rep. ○ Kamerun

Name	Länge (mm)	Ringmaß	Form
Best Seller	127	55	Figurado
Classic	178	48	Figurado
Masterpiece	235	52	Giants

OpusX Double Corona

AVO [DOMINIKANISCHE REPUBLIK]

Avo Uvezian, der begabte Pianist und Komponist, dem diese zunehmend beliebte dominikanische Marke ihren Namen verdankt, wurde 1926 in Beirut geboren. Seine Mutter war eine bekannte Sängerin, sein Vater Komponist und Dirigent eines Symphonieorchesters. Avos erste musikalische Liebe gehörte dem Jazz, und als Teenager war er mit seiner Band „The Lebanon Boys" im Nahen Osten erfolgreich.

1947 wanderte er in die USA aus, wo er an der berühmten Juilliard School of Music klassisches Klavier und Komposition studierte. Nach einem kurzen Aufenthalt in der Armee erfüllte Avo sich seinen Traum und wurde ein erfolgreicher Musiker. In den 1950er- und 1960er-Jahren spielte er mit den meisten Stars des Jazz.

Die Marke Avo

Avos Umzug nach Puerto Rico Anfang der 1980er-Jahre begründete seine nächste Leidenschaft – Zigarren. Aus Liebe zu den Zigarren schuf er seine eigene, einzigartige Mischung, die er an die Kunden seines Restaurants und seiner Pianobar verkaufte. Die Beliebtheit seiner Zigarren spornte ihn an, die Marke Avo zu entwickeln. Der Zigarrenhersteller und Kenner Hendrik Kelner, der in der Dominikanischen Republik lebte, half ihm dabei.

1988 waren die ersten Avo-Zigarren in den USA erhältlich, und da sie sofort Erfolg hatten, zahlte Davidoff 1995 geschätzte zehn Millionen Dollar für das Alleinvertriebsrecht.

Heute produziert Avo in einer Fabrik im Cibaotal, dem Herzen der Dominikanischen Republik, etwa drei Millionen Zigarren im Jahr. Zur Produktpalette gehören XO Trio, XO Quartetto, Domaine, Signature, Classic und limitierte Serien, darunter Avo Legacy, Avo 77 (anlässlich des 77. Geburtstags von Avo), Avo 22 (besteht nur aus zwei *perfectos*), die limitierte Avo-Edition „2005", Avo 80th Anniversary (anlässlich des 80. Geburtstags von Avo im Jahr 2006) und neuerdings Avo LE 07. Abgesehen von Letzteren sind die meisten Zigarren der limitierten Editionen immer schwerer zu finden. Alle Avo-Zigarren stehen im Ruf, von gleichbleibend guter Qualität zu sein, und das spiegelt sich im Preis wider – sie sind nicht gerade günstig.

Obwohl Avo meist dominikanische Einlagen und Umblätter sowie Connecticut-Shade-Deckblätter verwendet, sind viele seiner Zigarren überraschend kräftig und aromatisch.

XO Trio Maestoso

AVO (XO TRIO)

📄 💲 Mild bis medium ◉ Dominikan. Rep. ◕ Dominikan. Rep.
◔ Connecticut Shade

Name	Länge (mm)	Ringmaß	Form
Intermezzo	140	50	Robusto
Preludio	152	40	Lonsdale
Maestoso	178	48	Churchill

AVO (XO QUARTETTO)

📄 💲 Mild bis medium ◉ Dominikan. Rep. ◕ Dominikan. Rep.
◔ Connecticut Shade

Name	Länge (mm)	Ringmaß	Form
Allegro	114	34	Petit Panatella
Presto	127	31	Petit Panatella
Notturno	127	42	Petit Corona
Serenata	146	38	Panatella

AVO (DOMAINE)

📄 💲 Mild bis medium ◉ Dominikan. Rep. ◕ Dominikan. Rep.
◔ Ecuador

Name	Länge (mm)	Ringmaß	Form
Domaine 20	117	52	Perfecto
Domaine 60	127	43	Corona
Domaine 10	127	50	Robusto
Domaine 40	152	52	Figurado
Domaine 50	152	54	Perfecto
Domaine 30	171	48	Churchill

AVO (MADURO)

📄 💲 Mild bis medium ◉ Dominikan. Rep. ◕ Dominikan. Rep.
◔ Connecticut Broadleaf

Name	Länge (mm)	Ringmaß	Form
Belicoso	152	50	Belicoso
No. 2	152	50	Toro
Pirámide	178	36/54	Figurado
No. 3	191	52	Double Corona

AVO (80TH ANNIVERSARY)

📄 💲 Mild bis medium ◉ Dominikan. Rep. ◕ Dominikan. Rep.
◔ Ecuador

Name	Länge (mm)	Ringmaß	Form
80th Anniversary	152	52	Belicoso

XO Quartetto Serenata

AVO [FORTSETZUNG]

1 XO Quartetto Presto **2** XO Notturno (Tubo) **3** XO Trio Preludio
4 Domaine 40 **5** Domaine 10

BOLIVAR [KUBA/DOMINIKANISCHE REPUBLIK]

D ie frühe Geschichte dieser beständigsten kubanischen
Marke ist nebulös, aber man glaubt, dass sie 1901 in Europa, wahrscheinlich in England, von der Firma Rocha
begründet und 1921 als kubanische Marke registriert wurde.

Benannt wurde die Marke nach Simón Bolívar, dem berühmten
venezolanischen Revolutionär des 19. Jahrhunderts, der zwischen
1813 und 1825 einen großen Teil Südamerikas in mehreren Kriegen
von spanischer Herrschaft befreite. Heute ziert das Porträt von „El
Liberator" die Bauchbinden und Kisten der Zigarren.

Die Firma Bolívar war einst dafür berühmt, dass sie die kleinste
Vitola aller Zeiten herstellte. Diese *delgado* war 47,6 mm lang und
hatte das Ringmaß 20. Der Ruf des Unternehmens als Produzent kleiner Zigarren erreichte seinen Höhepunkt, als es eine Mini-Zigarrenkiste für ein Puppenhaus im Kinderzimmer der Windsors fabrizierte.

Nach José Rochas Tod im Jahr 1954 kaufte die Familie Cifuentes
die Marken Bolívar und La Gloria Cubana. Ihr gehörte Partagás, die
damals zweitgrößte Tabakfabrik. Nach der kubanischen Revolution
flohen die Cifuentes aus Kuba, und Bolívar wurde vom staatlichen
Cubatabaco übernommen.

Reifungsqualitäten

Bolívar-Zigarren werden als eine der stärksten kubanischen Marken
gerühmt und sind für unerfahrene Raucher nicht geeignet. Da sie im
Ruf stehen, zu den billigsten kubanischen Premium-Zigarren zu gehören (obwohl sie heute fast so viel kosten wie die meisten anderen Havannas), sind sie bei Zigarrenkennern in aller Welt beliebt, vor allem in

Kubanische Immensas

BOLIVAR (DOMINIKANISCH)

📖 Ⓢ Medium bis stark ◉ Dominikan. Rep./Nicaragua
◎ Connecticut Broadleaf ◐ Honduras

Name	Länge (mm)	Ringmaß	Form
Robusto	140	50	Robusto
Toro	152	52	Toro
Lonsdale	165	45	Londsdale
Churchill	178	49	Julieta

Kubanische
Belicosos Finos

Großbritannien und Deutschland. Die kräftigen, aromatischen Bolívars sind dafür bekannt, dass sie vorzüglich reifen, weil ihr Tabak reichlich Öl enthält. Deshalb sind gut gereifte Bolívars sehr gefragt. Die Cigar Gold Medal, die es seit Ende der 1980er-Jahre offiziell nicht mehr gibt, gehört zu den Favoriten der Sammler. La Casa del Habano, ein deutsches Tabakfachgeschäft, bestellte 2005 eine limitierte Edition dieser begehrten Zigarre. Da aber nur 1000 Kisten zu je zehn Stück ausgeliefert wurden, sind sie schwer erhältlich.

Neulingen seien die Petit Coronas empfohlen, die etwas milder sind als die anderen Zigarren der Serie.

Es gibt auch einige maschinengefertigte Bolívars, die erstaunlich gut reifen. Seien Sie aber auf der Hut vor billigen Havannas, die angeblich handgemacht sind.

Dominikanische Bolívars

Die dominikanische Marke wurde von Ramón Cifuentes nach der Flucht der Familie aus Kuba eingeführt. Heute gehört sie ebenso wie die dominikanische Partagás der Firma General Cigar Dominicana. Während die dominikanischen Bolívars anfangs viel milder waren als ihre kubanischen Gegenstücke, wurden sie später immer stärker, was zum Teil auf die Verwendung honduranischer Ligero-Deckblätter zurückzuführen ist.

BOLIVAR (KUBANISCH)
Stark Kuba Kuba Kuba

Name	Länge (mm)	Ringmaß	Form
Royal Corona	124	50	Robusto
Bonitas	127	40	Petit Cetro
Petit Corona	129	42	Mareva
Belicosos Finos	140	52	Figurados
Corona	142	42	Corona
Corona Extra	143	44	Corona Gorda
Lonsdales	165	42	Cervantes
Inmensas	170	43	Dalia
Churchill	178	47	Julieta
Corona Gigantes	178	47	Julieta

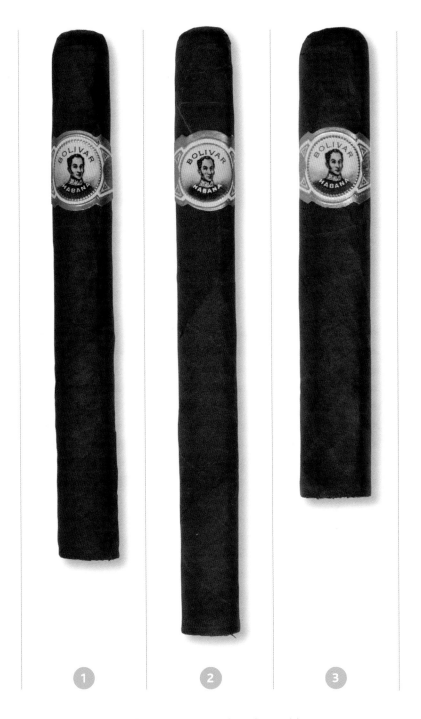

1 Kubanische Corona **2** Kubanische Lonsdales
3 Kubanische Royal Corona

C.A.O. [NICARAGUA/HONDURAS]

Criollo Pampas

N ach einem schwachen Start in die Welt der Zigarre entwickelte sich C.A.O. zu einer der innovativsten und erfolgreichsten amerikanischen Zigarrenfirmen, obwohl sie gar nicht als solche gegründet wurde. Cano A. Ozgener, ein ehemaliger Ingenieur bei DuPont in Nashville, wollte Pfeifen herstellen. Der passionierte Pfeifenraucher nutzte seine Fähigkeiten, um die Leistung seiner beliebten Meerschaumpfeifen zu steigern, und bald waren lokale Tabakhändler so beeindruckt, dass Ozgener 1977 beschloss, DuPont zu verlassen und eine eigene Firma zu gründen. Nach einem kurzen, erfolglosen Abstecher ins Zigarrengeschäft im Jahr 1980 produzierte Ozgener Pfeifen und eine Reihe von Humidoren, von denen viele mit seinem eigenen, einzigartigen Befeuchtungssystem ausgestattet waren.

Als Ozgener 1995 erkannte, dass sein Unternehmen mit Pfeifen und Humidoren nicht schnell genug expandieren konnte, verkaufte er erneut Zigarren und nannte seine Marke C.A.O. Die Zigarren wurden in der honduranischen Fabrica de Tabacos Oriente von Nestor Plasencia hergestellt. Mit ihrer Einlage aus Nicaragua und Mexiko, den honduranischen Umblättern und den Connecticut-Shade-Deckblättern wurden sie gut aufgenommen. Leider war die Qualität in dieser Boomphase unbeständig, wie bei vielen anderen Firmen auch. Ende der 1990er-Jahre und im neuen Jahrtausend wurde C.A.O. jedoch populärer,

C.A.O. (CAMEROON)
Medium ● Nicaragua ● Nicaragua ○ Kamerun

Name	Länge (mm)	Ringmaß	Form
Robusto	127	50	Robusto
Corona	140	45	Corona
No. 1	140	46	Figurado
Belicoso	152	54	Belicoso
Churchill	178	48	Churchill

C.A.O. (BRAZILIA)
Medium ● Nicaragua ● Nicaragua ○ Brasilien

Name	Länge (mm)	Ringmaß	Form
Piranha	114	46	Corona Gorda
Gold	127	56	Robusto
Amazon	152	60	Toro
Samba	159	54	Figurado
Ipanema	178	50	Churchill
Anaconda	203	58	Figurado

hauptsächlich dank einer äußerst erfolgreichen Maduro-Serie sowie wegen der auffälligen Werbung und der regelmäßigen Einführung neuer Serien. Viele von diesen wurden sehr gut aufgenommen, besonders in den USA, und veranlassten C.A.O. im Jahr 2003, zwei Fabriken zu kaufen, eine in Danlí, Honduras, und eine in Estelí in Nicaragua.

C.A.O.s letzte Serie, Vision, ist bisher die gewagteste. Dies ist die erste C.A.O.-Zigarre mit einem dominikanischen Umblatt und Deckblatt und einer gemischten Einlage aus Nicaragua, Brasilien und der Dominikanischen Republik. Noch auffallender ist die Zigarrenkiste. Sie verfügt über ein digitales Hygrometer an der Außenseite, ein Befeuchtungsmittel im Inneren und blaue Neonlichter, die aufleuchten, wenn man den Deckel öffnet. Die Lampen erhalten ihre Energie von sechs austauschbaren AA-Batterien, und auch der Befeuchter ist ersetzbar. Diese Kiste eignet sich auch als Reisehumidor.

Brazilia Piranha

C.A.O. (MADURO)

📋 💲 Medium bis stark ◉ Nicaragua/Dominikan. Rep.
🌿 Ecuador ⬭ Connecticut Broadleaf

Name	Länge (mm)	Ringmaß	Form
Rothschild	114	50	Rothschild
Robusto	127	50	Robusto
Corona	140	42	Corona
Toro	140	55	Toro
Belicoso	152	54	Belicoso
Churchill	200	48	Churchill

C.A.O. (CRIOLLO)

📋 💲 Medium bis stark ◉ Nicaragua 🌿 Nicaragua
⬭ Nicaragua

Name	Länge (mm)	Ringmaß	Form
Pampas	102	38	Short Panatela
Pato	124	50	Robusto
Mancha	143	46	Corona Gorda
Bomba	152	50	Toro
Conquistador	156	52	Figurado

C.A.O. (VISION)

📋 💲 Medium ◉ Dominikan. Rep./Nicaragua/Brasilien
🌿 Dominikan. Rep. ⬭ Dominikan. Rep.

Name	Länge (mm)	Ringmaß	Form
Catalyst	127	50	Robusto
Epiphany	152	50	Toro
Prana	159	52	Figurado

C.A.O [FORTSETZUNG]

1 Criollo Pato

2 Cameroon No. 1   **3** Maduro Robusto

COHIBA [KUBA]

O bwohl Cohiba eine relativ neue Zigarrenmarke ist (sie wurde erst 1968 eingeführt), gilt sie inzwischen weithin als eine der edelsten der Welt – und als eine der teuersten noch dazu.

Die Geschichte der Cohiba – das Wort soll bei den Taino-Indianern „Zigarre" bedeuten – ist faszinierend. Trotz ihrer erst relativ kurzen Existenz gehört diese Marke bereits zur kubanischen Folklore. Man erzählt, ein Leibwächter Fidel Castros habe in den 1960er-Jahren regelmäßig Zigarren geraucht, die ein lokaler Zigarrenroller namens Eduardo Rivera für ihn machte. Castro fand die Tabakmischung so gut, dass er Rivera nach Havanna holte und ihn seine Zigarren in der Vorstadt El Laguito in einem gleichnamigen Gebäude rollen ließ. Das Haus diente als Schule für *torcedores* und *torcedoras*.

1968 wurde Rivera vom Meister-Torcedor Avelino Lara abgelöst, und man beschloss, die Zigarren in kleinen Mengen als Geschenke für Diplomaten und Regierungsmitglieder zu produzieren. Die ersten Marken hießen Lancero, Corona Especiale und Panatela. Alle waren ungewöhnlich groß und natürlich Castros Favoriten.

Línea 1492

In den nächsten 14 Jahren durften nur ausländische Staatsoberhäupter, ihre Berater und hochrangige kubanische Regierungsmitglieder die feinsten Zigarren der Welt genießen, bis Castro und Cubatabaco 1982 entschieden, dass es an der Zeit sei, die Marke auch dem Rest der Welt zugänglich zu machen. 1989 wurden drei weitere Größen hinzugefügt: Esplendido, Robusto und die einzigartig große Exquisito. Um den 500. Jahrestag der Entdeckung Kubas durch Kolumbus zu feiern, wurde 1992 die Serie Línea 1492 eingeführt. Sie besteht aus fünf Formaten, die Siglo („Jahrhundert") heißen. Im Jahr 2003 kam Siglo VI hinzu. Weitere limitierte Editionen sind unter anderem Pirámide (2001), Doble Corona (2003), Sublime (2004) und noch eine Pirámide (2006).

Zunächst wurden die Vitolas nur in der angesehenen Fabrik El Laguito gefertigt; später, als ihre Zahl zunahm, rollte man sie auch in anderen Fabriken, darunter José Martí (früher H. Upmann) und Francisco Perez German (früher Partagás). Geschätzt werden die Zigarren wegen der Qualität ihres Tabaks – die Hersteller bekommen Kubas edelsten Tabak – und weil nur die besten Roller Cohibas machen dürfen.

Línea Clásica

Esplendido

Red Dot Corona

Red Dot

Die General Cigar Company verkauft seit Anfang der 1980er-Jahre in den USA Zigarren der Marke Cohiba, die in der Dominikanischen Republik hergestellt werden. Den Markennamen ließ das Unternehmen Ende der 1970er-Jahre in den USA eintragen und 1997 erneuern. Heute heißt diese Marke „Red Dot Cohiba", weil das O rot gedruckt wird. In der Serie Red Dot gibt es zehn Vitolas, alle mit Deckblättern aus Kamerun, Umblättern aus Indonesien und gemischten Einlagen aus der Dominikanischen Republik.

COHIBA (LINEA CLASICA)

Medium bis stark ◉ Kuba ◉ Kuba ◯ Kuba

Name	Länge (mm)	Ringmaß	Form
Panatela	115	26	Panatela
Robusto	124	50	Robusto
Exquisito	126	36	Seoane
Corona Especial	152	38	Laguito No. 2
Esplendido	178	47	Julieta
Lancero	192	38	Laguito No. 1

COHIBA (MADURO)

Medium bis stark ◉ Kuba ◉ Kuba ◯ Kuba

Name	Länge (mm)	Ringmaß	Form
Secretos	110	40	Reyes
Mágicos	115	52	Robusto
Genios	140	52	Robusto

COHIBA (LINEA 1492)

Medium bis stark ◉ Kuba ◉ Kuba ◯ Kuba

Name	Länge (mm)	Ringmaß	Form
Siglo I	102	26	Perla
Siglo II	129	42	Mareva
Siglo IV	143	44	Corona Gorda
Siglo VI	150	52	Cañonazo
Siglo III	155	42	Corona Grande
Siglo V	170	52	Dalia

COHIBA (LIMITIERTE EDITIONEN)

Medium bis stark ◉ Kuba ◉ Kuba ◯ Kuba

Name	Länge (mm)	Ringmaß	Form
Pirámide	156	52	Pirámide
Sublime 2004	165	54	Sublime
Double Corona	193	49	Prominente

1 Limitierte Edition Pirámide **2** Limitierte Edition Sublime 2004

3 Línea 1492 Siglo VI (Tubo) **4** Línea Clásica Panatela **5** Línea 1492 Siglo I

CUABA [KUBA]

Divinos

C uaba ist die neuste kubanische Marke. Der Name ist vom Taino-Wort für einen Busch abgeleitet, der überall auf der Insel wächst. Da er leicht brennt, benutzten ihn die Indianer früher, um die Zigarren anzuzünden, die bei ihren religiösen Riten eine wichtige Rolle spielten.

Eingeführt wurde die Marke im Herbst 1996 unter großem Presse-rummel in Londons berühmtem Hotel Claridge. Der Grund für dieses Interesse der Öffentlichkeit: Alle Cuaba-Zigarren sind *figurados (perfectos)*, die im 19. Jahrhundert in England besonders beliebt waren, im 20. Jahrhundert aber fast vergessen wurden. Carlos González, der die Marke entwickelte, wollte diese vergessene Vitola wieder zum Leben erwecken, und es ist allgemein anerkannt, dass ihm das gelungen ist.

Fliegende Torcedores

Für das große Ereignis wurden eigens 15 *torcedores* aus Kuba nach England geflogen, um die Kunst des Rollens an diesen schwierigen Zigarren zu demonstrieren. Die ersten Cuaba-Zigarren, die man ohne Formen produzierte, sahen erkennbar unregelmäßig aus und sind heute gefragte Sammlerstücke. Die Fabrik Romeo y Julieta (heute Briones Montoto), in der die Zigarren hergestellt werden, hat das Problem gelöst: Sie verwendet Perfecto-Formen, die Einheitlichkeit gewährleisten.

CUABA
Medium bis stark   Kuba   Kuba   Kuba

Name	Länge (mm)	Ringmaß	Form
Divinos	101	43	Perfecto
Tradicionales	120	42	Perfecto
Generosos	132	42	Perfecto
Exclusivos	145	46	Perfecto
Distinguidos	162	52	Perfecto
Salomon	184	57	Perfecto
Diademas	233	55	Perfecto

1 Diademas **2** Salomon **3** Exclusivos

CUESTA-REY [DOMINIKANISCHE REPUBLIK]

Ein junger spanischer Einwanderer namens Angel La Madrid Cuesta hob 1884 in Tampa, Florida, die Marke Cuesta-Rey aus der Taufe. Bald darauf gewann er Peregrino Rey als Teilhaber, und die Fabrik der beiden erwarb sich rasch den Ruf, vorzügliche handgefertigte *clear Havanas* („reine Havannas") zu machen, die ganz aus importiertem kubanischem Tabak bestanden.

1958 erwarben M&N Cigar Manufacturers Inc. die Markenrechte an der Cuesta-Rey. M&N gehörte seinerseits der J.C. Newman Cigar Co., dem ältesten amerikanischen Hersteller von Premium-Zigarren in Familienbesitz und eine der wenigen großen Firmen, die in Ybor City geblieben waren. Ebenfalls 1958 wurde mit No. 95 die gefeierte Cuesta-Rey-Serie Cabinet Selection geboren. No. 95 war die erste handgemachte Zigarre mit Deckblatt aus Kamerun. Sie war so beliebt, dass die Firma schnell drei weitere Vitolas auf den Markt brachte: No. 898, No. 1 und No. 2. Aus diesen vier Zigarren bestand die Cabinet Selection bis in die 1980er-Jahre hinein. Dann schlossen sich J.C. Newman und die berühmte Familie Fuente zu Fuente & Newman zusammen und verlegten die Cuesta-Rey-Fabrikation in die Dominikanische Republik. Eine Frucht dieser Vereinigung war die No. 1884, die erste Zigarre der Cabinet Selection mit einem Connecticut-Shade-Deckblatt. 1999 kam die No. 47 hinzu, deren Einlage ursprünglich Carlos Fuente sen. gemischt hatte und die mit einem Deckblatt aus Kamerun oder aus Connecticut Broadleaf Maduro erhältlich war.

CUESTA-REY (CENTRO FINO SUN GROWN)
📄 🅢 Medium bis stark ◉ Dominikan. Rep. 🌀 Dominikan. Rep.
🌑 Ecuador

Name	Länge (mm)	Ringmaß	Form
Robusto No. 7	114	54	Robusto
Belicoso No. 11	122	50	Belicoso
No. 60	152	50	Toro
Pyramid No. 9	157	52	Figurado
Captiva	159	42	Lonsdale
Churchill No. 1	178	49	Churchill

Centro Fino Sun Grown
Pyramid No. 9

Neben der Cabinet Selection produziert Cuesta-Rey auch die Centenario Collection (mit einem milden, sahnigen Connecticut-Shade- oder einem etwas stärkeren Broadleaf-Deckblatt erhältlich) und für abenteuerlustigere Raucher die viel kräftigere Serie Centro Fino Sun Grown mit einem Deckblatt aus sonnengezogenem ecuadorianischem Tabak. Letztere kam 2003 auf den Markt, weil die Verbraucher stärkere Zigarren haben wollten. Das Saatgut der Deckblätter stammt aus Kamerun, und sie wachsen in der fruchtbaren ecuadorianischen Region Quevedo. Man wickelt sie um eine Mischung aus fünf Jahre altem dominikanischem Ligero-Tabak.

Alle Cuesta-Rey-Zigarren stehen in dem Ruf, gut gerollt zu sein, und die Präsentation, vor allem die dekorativen Bauchbinden und Kisten, findet weltweiten Anklang.

CUESTA-REY (CABINET)
📄 🌀 Mild bis medium ⦿ Dominikan. Rep. ◉ Dominikan. Rep.
◖ Connecticut Shade

Name	Länge (mm)	Ringmaß	Form
No. 47	120	47	Robusto
No. 95	165	42	Lonsdale
(Deckblatt aus Kamerun)			
No. 1884	171	44	Lonsdale
No. 2	178	36	Panatela
No. 898	178	49	Julieta
No. 1	216	52	Presidente

CUESTA-REY (CENTENARIO)
📄 🌀 Mild bis medium ⦿ Dominikan. Rep. ◉ Dominikan. Rep.
◖ Connecticut Shade/Connecticut Broadleaf

Name	Länge (mm)	Ringmaß	Form
Robusto No. 7	114	50	Robusto
Belicoso No. 11	124	50	Figurado
No. 5	140	43	Corona
Milano	140	48	Robusto
No. 60	152	50	Toro
Pyramid No. 9	159	52	Figurado
Riviera	178	34	Long Panatela
Aristocrat	184	48	Churchill

Centenario Robusto
No. 7

DAVIDOFF [DOMINIKANISCHE REPUBLIK]

Mille 2000

Die Marke Davidoff ist wie ihr Begründer Zino Davidoff, der zu den angesehensten Zigarrenmachern der Welt gehört, der Inbegriff des Stils und des guten Geschmacks. Die Familie Davidoff eröffnete 1912 in Genf ein Tabakgeschäft, in dem Zino arbeitete. Auf der Suche nach den erlesensten Zigarren reiste er in den 1920er-Jahren durch weite Teile Mittel- und Südamerikas und arbeitete zwei Jahre lang auf einer Tabakfarm in Kuba.

Châteaux

1930 kehrte Zino nach Genf zurück und erweiterte die Zigarrenabteilung des Familienbetriebs. Seinen größten Erfolg feierte er, als er die Serie Hoyo de Monterrey entwickelte und auf den Markt brachte. Jede Zigarre der Serie wurde nach einem berühmten Weinbaugebiet in Frankreich benannt.

Im Jahr 1967 unterbreitete Cubatabaco, der staatliche kubanische Tabakhersteller, Zino das beispiellose Angebot, eine Havanna-Marke unter seinem Namen zu entwickeln und in seinen exklusiven Geschäften zu verkaufen. Seine Erfahrung und sein Fachwissen erfuhren weitere Anerkennung, als die Kubaner beschlossen, diese Davidoff-Zigarren in der angesehenen Fabrik El Laguito zu produzieren, die Castro seine geliebten Cohibas lieferte.

Zwei Jahre später kamen die ersten kubanischen Davidoffs auf den Weltmarkt. No. 1, No. 2 und Ambassadrice wurden in der gleichen Vitola geschaffen wie die ersten Cohibas (Laguito No. 1, No. 2 und No. 3) – ein weiterer Beweis für die Ehre, die man der Marke Davidoff erwies. Auch die berühmte Châteaux-Serie wurde eigens für Davidoff aus der Marke Hoyo de Monterrey wiedererschaffen. Zu dieser Serie gehörten Haut-Brion, Lafite, Lafite-Rothschild, Latour, Margaux, Mouton-Rothschild und Yquem.

Mille

Diesen sehr erfolgreichen Zigarren folgte in den 1970er-Jahren eine weitere Serie, die Mille (tausend) hieß. Sie bestand aus den Formaten 1000, 2000, 3000, 4000 und 5000 und war nicht so kräftig wie die Châteaux-Serie, aber auch nicht so mild wie No. 1, No. 2, Ambassadrice und Dom Pérignon. Letztere entstand zur gleichen Zeit wie die Mille-Serie. Zu Zinos 80. Geburtstag erschien 1986 die limitierte Edition 80 Aniversario.

Nach einigem Streit über die Qualität der Zigarren und angeblich auch über die Markenrechte beendete Zino 1990 widerwillig die Partnerschaft mit Cubatabaco, verließ sein geliebtes Kuba und begann, mit Hendrik Kelner in der Dominikanischen Republik Zigarren unter dem Namen Davidoff herzustellen. Dominikanische Davidoffs haben zwar die gleichen Vitolas wie ihre kubanischen Gegenstücke, versuchen aber nicht, deren Geschmack zu imitieren. Wahrscheinlich war Davidoff und Kelner klar, dass man mit dem milderen dominikanischen Tabak anders umgehen musste. Obwohl die neuen Davidoffs den Rauchern, die stärkere, komplexere kubanische Zigarren vorzogen, nicht unbedingt mundeten, trug die gleichbleibend gute Qualität ihnen in aller Welt Lob ein.

Zino Davidoff starb 1994, aber die Marke entwickelte sich weiter und weist heute sechs Serien auf: Classic, Aniversario, Mille, Millennium (mit einem kräftigeren Deckblatt kubanischer Herkunft aus

Classic Ambassadrice

DAVIDOFF (ANIVERSARIO)
Medium bis stark ● Dominikan. Rep. ● Dominikan. Rep. ○ Connecticut Shade

Name	Länge (mm)	Ringmaß	Form
No. 3	152	50	Toro
No. 2	178	48	Churchill
No. 1	220	48	Gran Corona

DAVIDOFF (CLASSIC)
Mild bis medium ● Dominikan. Rep. ● Dominikan. Rep. ○ Connecticut Shade

Name	Länge (mm)	Ringmaß	Form
Ambassadrice	117	26	Carolinas
No. 3	130	30	Laguito No. 3
No. 2	152	38	Laguito No. 2
No. 1	191	38	Laguito No. 1

DAVIDOFF (MILLE)
Mild bis medium ● Dominikan. Rep. ● Dominikan. Rep. ○ Connecticut Shade

Name	Länge (mm)	Ringmaß	Form
1000	117	34	Panatela
2000	127	43	Mareva
5000	143	46	Corona Gorda
4000	155	42	Corona Grande
3000	178	33	Ninfa

Ecuador), Grand Cru (gilt als die komplexeste) und Special (alle mit einem stattlichen Ringmaß von 50).

Wie man es von Davidoff erwartet, sind die Zigarren überaus gut gemacht und werden mit einer klassischen, schlichten und doch eleganten weißen Bauchbinde präsentiert.

DAVIDOFF (MILLENNIUM)
📄 Ⓢ Mild bis medium ◉ Dominikan. Rep. ◍ Dominikan. Rep. ◯ Ecuador

Name	Länge (mm)	Ringmaß	Form
Petit Corona	114	41	Petit Corona
Robusto	133	50	Robusto
Lonsdale	152	43	Lonsdale
Pirámide	156	52	Figurado
Churchill	171	48	Churchill

DAVIDOFF (GRAND CRU)
📄 Ⓢ Mild bis medium ◉ Dominikan. Rep. ◍ Dominikan. Rep. ◯ Connecticut Shade

Name	Länge (mm)	Ringmaß	Form
No. 5	102	40	Petit Corona
No. 4	117	40	Corona
No. 3	127	42	Corona
No. 2	143	42	Corona
No. 1	155	42	Lonsdale

DAVIDOFF (SPECIAL)
📄 Ⓢ Mild bis medium ◉ Dominikan. Rep. ◍ Dominikan. Rep. ◯ Connecticut Shade

Name	Länge (mm)	Ringmaß	Form
Special R	124	50	Robusto
Short Perfecto	127	50	Perfecto
Special T	152	50	Figurado
Double R	191	50	Churchill

Millennium Pirámide

1 Aniversario No. 1 **2** Classic No. 2 **3** Special R (Tubo)

DON DIEGO [DOMINIKANISCHE REPUBLIK]

Don Diego Churchill

D iese Marke wurde 1964 auf den Kanarischen Inseln eingeführt und zog 1982 in die Dominikanische Republik um.
Dank der Einlage und des Umblatts aus der Dominikanischen Republik und des Connecticut-Shade-Deckblatts wurden Don-
Diego-Zigarren während der Boomjahre in den USA freundlich aufgenommen. Damals waren mildere Zigarren in Mode. Seit einiger Zeit
sind Don Diegos jedoch kräftiger geworden. Die Serie Aniversario verwendet beispielsweise Deckblätter aus ecuadorianischem Tabak, der
aus Sumatra stammt, ein kräftiges Connecticut Broadleaf als Umblatt
und eine Mischung aus dominikanischem, peruanischem und nicaraguanischem Tabak als Einlage. Das Ergebnis sind ölige, starke Zigarren.

DON DIEGO

📄 Ⓢ Mild bis medium ◉ Dominikan. Rep./Brasilien
◉ Dominikan. Rep. ◑ Connecticut Shade

Name	Länge (mm)	Ringmaß	Form
Babies	133	33	Seaone
Corona	140	42	Corona
Grande Natural	152	50	Toro
Royal Palm	156	36	Panatela
Lonsdale	168	42	Lonsdale
Churchill	178	54	Corona

DON DIEGO (PLAYBOY)

📄 Ⓢ Mild bis medium ◉ Dominikan. Rep. ◉ Dominikan. Rep.
◑ Connecticut Shade

Name	Länge (mm)	Ringmaß	Form
Robusto	127	50	Robusto
Lonsdale	165	42	Lonsdale
Gran Corona	171	48	Gran Corona
Churchill	197	50	Julieta

DON DIEGO (ANIVERSARIO)

📄 Ⓢ Medium ◉ Dominikan. Rep./Nicaragua/Peru
◉ Connecticut Broadleaf ◑ Ecuador

Name	Länge (mm)	Ringmaß	Form
Lord Rothchilde	127	52	Robusto
No. 3	140	44	Robusto
Toro	152	54	Toro
No. 3 (Belicoso)	156	52	Belicoso
Lonsdale	165	42	Lonsdale
Prime Minister	178	54	Presidente

1 Playboy Robusto **2** Lonsdale **3** Corona

DUNHILL [DOMINIKANISCHE REPUBLIK]

SINCE 1907

Alfred Dunhill eröffnete 1907 seinen ersten Tabakladen, um kubanische Zigarren zu vertreiben. Dunhill war der bevorzugte Tabakhändler der Reichen und Berühmten, darunter George VI. und Winston Churchill. Die Firma verkaufte Premium-Zigarren wie Montecristo und Romeo y Julieta. 1935 erschien die erste Hausmarke unter dem Namen Don Cándido, die der kubanische Mischmeister Cándido Vega Díaz exklusiv für Dunhill schuf. Dieser Marke folgte eine weitere exklusive Hausmarke, die Serie Don Alfredo, die etwa ab 1963 in der Fabrik H. Upmann hergestellt wurde.

1982 vereinbarten Cubatabaco und Dunhill eine Partnerschaft und produzierten eine Reihe von Zigarren unter dem berühmten Markennamen Dunhill. Obwohl die Zigarren gut aufgenommen wurden und sehr gefragt waren, wurde die Produktion 1991 eingestellt.

Heute besitzt BAT (British American Tobacco) die Markenrechte und stellt zwei Zigarrenserien her, beide in der Dominikanischen Republik. Die milde Serie Dunhill Aged verwendet eine dominikanische und brasilianische Einlage und ein Deckblatt aus Connecticut; die kräftigere Serie Signed gibt es mit ecuadorianischem Deckblatt, einem amerikanischen Broadleaf-Umblatt und einer Einlage aus der Dominikanischen Republik und Kolumbien.

DUNHILL (AGED)
📄 ⑤ Mild bis medium ◉ Dominikan. Rep./Brasilien
◉ Dominikan. Rep. ◯ Connecticut Shade

Name	Länge (mm)	Ringmaß	Form
Altamira	127	48	Robusto
Valverde	140	42	Corona
Condado	152	50	Toro
Samana	165	38	Panatela
Diamante	168	42	Lonsdale
Cabrera	178	48	Julieta

DUNHILL (SIGNED)
📄 ⑤ Medium bis stark ◉ Dominikan. Rep./Kolumbien
◉ US Broadleaf ◯ Ecuador

Name	Länge (mm)	Ringmaß	Form
Robusto	114	52	Robusto
Corona	140	42	Corona
Torpedo	140	52	Figurado
Toro	152	50	Toro
Churchill	178	50	Julieta

Signed Churchill

1 Signed Corona **2** Signed Toro **3** Signed Robusto **4** Signed Torpedo

EL REY DEL MUNDO [KUBA/HONDURAS]

El Rey del Mundo (wörtlich: „König der Welt"), ebenfalls eine beständige kubanische Marke, wurde angeblich schon 1842 von Emilio Ohmstedt, einem deutschen Zigarrenmacher, eingeführt. Bekannt wurde die Marke jedoch erst, als Antonio Allones sie 1882 übernahm.

Don Cándido

1905 kaufte Cándido Vega Diaz, dem die spätere Hausmarke Don Cándido ihre Existenz und ihren Namen verdankt, die Markenrechte von Antonio Allones. Er änderte den Firmennamen zugunsten des Namens seiner meistverkauften Zigarre, und so wurde aus Díaz Hermanos y Cia die El Rey del Mundo Company. Auch die Fabrik, in der die Zigarren hergestellt wurden, hieß nun El Rey del Mundo. In den 1950er-Jahren gehörten die Zigarren zeitweise zu den teuersten auf dem Markt.

Nach der kubanischen Revolution wurde die Fabrik in Héroes del Moncada umbenannt, und trotz der Verstaatlichung verkaufte sich die Marke in den 1960er- und 1970er-Jahren gut. Dann wurde Héroes del Moncada zwangsweise geschlossen, und man verlagerte die Produktion in die Fabrik Briones Montoto (früher Romeo y Julieta).

Kubanische Demi Tasse

Milde Kubaner

Trotz der dunklen, öligen Deckblätter vor allem der größeren Zigarren gelten El Rey del Mundo als milde Kubaner. Obwohl immer mehr Zigarrenraucher in aller Welt stärkere und aromatischere Zigarren bevorzugen, sind El Rey del Mundo wegen ihrer hohen Qualität und ihres exquisiten Aromas bei Kennern sehr beliebt. Dank ihres relativ milden Geschmacks gehören sie zu den besten kubanischen Zigarren für weniger erfahrene Raucher und für jene, die nur eine Zigarre am Tag genießen.

Angeblich war die Corona die Lieblingszigarre des berühmten Hollywoodproduzenten und früheren Chefs der 20th Century Fox, Darryl F. Zanuck; aber die Choix Suprême robusto dürfte bei Zigarrenliebhabern am beliebtesten sein.

Honduras

Diese honduranische Marke, von der es erstaunlich viele Vitolas gibt, gehört J.R. Cigars. Die Marke erwarb sich schon früh einen guten Ruf, vor allem dank der Arbeit von Frank Llaneza (siehe Seite 128), José Orlando Padrón (siehe Seite 140) und Manuel Zavala, die alle viel

Erfahrung in ihre Entwicklung einbrachten. Dank der Einlage und des Umblatts aus Honduras sowie des ecuadorianischen Deckblatts sind die nichtkubanischen Zigarren der Marke El Rey del Mundo überraschenderweise stärker und würziger als die kubanischen.

EL REY DEL MUNDO (KUBA)
Mild bis medium ◉ Kuba ◪ Kuba ◯ Kuba

Name	Länge (mm)	Ringmaß	Form
Demi Tasse	100	30	Small Panatela
Très Petit Corona	117	43	Petit Corona
Choix Suprême	127	48	Robusto
Corona De Luxe	140	42	Corona
Gran Corona	143	46	Corona Gorda
Tainos	178	47	Churchill

EL REY DEL MUNDO (HONDURAS)
Medium bis stark ◉ Honduras ◪ Honduras ◯ Ecuador

Name	Länge (mm)	Ringmaß	Form
Café Noir	114	35	Small Panatela
Reynitas	127	38	Short Panatela
Lew's Daytime Chest	127	44	Corona Extra
Rothschild	127	50	Robusto
Robusto Zavalla	127	54	Robusto
Rectangulares	143	45	Grand Corona
Robusto Larga	152	54	Toro
Choix Suprême	156	48	Toro
Lew's Nighttime Chest	159	45	Grand Corona
Flor De Lavonda	165	49	Torpedo
Flor De Llaneza	165	54	Torpedo
Cedars	178	43	Lonsdale
Double Corona Deluxe	178	49	Double Corona
Corona Inmensa	184	47	Churchill
Flor Del Mundo	184	54	Double Corona
Robusto Suprema	184	54	Double Corona
1848	194	52	Double Corona
Coronation	216	52	Giant

Kubanische Tainos

EL REY DEL MUNDO [FORTSETZUNG]

1 Kubanische Choix Suprême

2 Kubanische Gran Corona **3** Kubanische Très Petit Corona

FELIPE GREGORIO [NICARAGUA/DOMINIKANISCHE REP.]

O bwohl Philip G. Wynne sein erstes Zigarrengeschäft erst 1988 eröffnete, werden heute mehr als 20 Serien unter seinem Markenzeichen Felipe Gregorio verkauft.

Nach einem kurzen Aufenthalt in Honduras, wo Wynne seine erste Zigarrenserie Petrus einführte, zog er mit seiner zweiten Marke, Felipe Gregorio, nach Nicaragua, wo er eine eigene Fabrik gründete und mit der Herstellung nicaraguanischer *puros* begann. Als man ihn bat, eine Zigarre für Frank Sinatra zu machen (heute als „Frank's Way" erhältlich) – unter der Bedingung, dass die Dominikanische Republik als Produktionsort gewählt würde –, gründete er dort Tabacalera Real de Felipe Gregorio.

Felipe-Gregorio-Zigarren liegen am unteren Ende der Preisskala, sind aber sehr beständig, was Qualität und Präsentation anbelangt. Zu den heutigen Serien gehören 809, Felipe Power (anlässlich des 15. Jahrestags der Markeneinführung), Pelo de Oro, Felipe Gregorio, Felipe II, Fusion, Felipe Felipe, Felipe Fumas, 3 Tierras, Frank's Way, Dos & Tres Capas, Petrus Fortus, Petrus Royal Maduro, Memoria de Cuba, Gran Cuba, Regimental Colors und Premium Private Labels.

Power Obus

FELIPE GREGORIO (POWER)

📄 Ⓢ Medium bis stark ◉ Nicaragua ◙ Nicaragua ◯ Costa Rica

Name	Länge (mm)	Ringmaß	Form
Petit Torpedo	114	50	Figurado
Special R	127	52	Robusto
Leopard	140	55	Figurado
Obus	140	55	Toro
Triple R	140	55	Toro
Full Power	152	60	Super Robusto
Double Corona	191	50	Double Corona

FELIPE GREGORIO (DOMINICANA)

📄 Ⓢ Medium ◉ Dominikan. Rep. ◙ Dominikan. Rep. ◯ Ecuador

Name	Länge (mm)	Ringmaß	Form
Serie Especial FB	89	55	Robusto
Serie Especial Boa	108	44	Figurado
Serie Especial R	120	54	Robusto
Serie Especial C	137	46	Corona Gorda
Serie Especial D	140	42	Corona
Serie Especial T	152	54	Toro
Serie Especial A	165	50	Churchill

FONSECA [KUBA/DOMINIKANISCHE REPUBLIK]

Obwohl diese kubanische Marke nur noch wenige Formate umfasst, ist sie bei Kennern beliebt, vor allem in Spanien, wo sie eine der populärsten Premium-Marken ist. Eingeführt wurde die Marke 1907 von Don Francisco Fonseca, einem nach Kuba ausgewanderten Spanier. Ein auffälliges Merkmal ist das sehr dünne weiße Seidenpapier, in das jede einzelne Zigarre gewickelt wird. Es soll das Deckblatt schützen und die Zigarre optimal feucht halten. Die Zigarren sind sehr aromatisch und dennoch mild.

Dominikanische Fonsecas

Die milden bis mittelstarken dominikanischen Fonsecas wurden zuerst Ende der 1960er-Jahre hergestellt, ursprünglich mit Deckblättern aus Kamerun und dominikanischen Einlagen und Umblättern. 1991 wurde die Marke wiederbelebt, diesmal mit Connecticut Shade als Deckblatt für die Naturals, Connecticut Broadleaf als Deckblatt für die Maduros und Sumatra-Tabak, der in Mexiko wuchs, als Umblatt für beide. Kürzlich kamen drei neue Serien auf den Markt: die individuell verpackte Serie F (2003) mit dominikanischer und nicaraguanischer Einlage, dominikanischem Umblatt und natürlichem Connecticut Shade als Deckblatt; die aromatischere, in Zedernholz gehüllte Sun Grown Cedar mit dominikanischem Umblatt, nicaraguanischer und peruanischer Einlage und einem Deckblatt aus Sun Grown Connecticut; und schließlich die Vintage Collection mit in Ecuador schattengezogenem Deckblatt aus Connecticut-Tabak und einer perfekten Einlage-Umblatt-Kombination aus den besten Tabaken vom Cibaotal in der Dominikanischen Republik.

Kubanische No.1

FONSECA (KUBANISCH)
📖 🕲 Mild bis medium ◉ Kuba ◓ Kuba ◯ Kuba

Name	Länge (mm)	Ringmaß	Form
Cadetes (kdt)	115	36	Perla
Delicias	123	40	Mareva
Cosacos	135	42	Corona
No. 1	162	43	Long Corona

FONSECA (DOMINIKANISCH)

📄 Ⓢ Medium ◉ Dominikan. Rep. ◪ Mexiko
◯ Connecticut Shade Natural/Broadleaf Maduro

Name	Länge (mm)	Ringmaß	Form
2-2 (Nat/Mad)	108	40	Petit Corona
5-50 (Nat/Mad)	127	50	Robusto
Triangular (Nat/Mad)	140	56	Figurado
8-9-8 (Nat)	152	43	Long Corona
Toro Grande (Nat)	152	56	Grand Toro
7-9-9 (Nat/Mad)	165	46	Grand Corona
10-10 (Nat/Mad)	178	50	Churchill

FONSECA (SERIE F)

📄 Ⓢ Medium ◉ Dominikan. Rep./Nicaragua ◪ Dominikan. Rep.
◯ Connecticut Shade

Name	Länge (mm)	Ringmaß	Form
Breva	120	43	Petit Corona
Robusto	127	52	Robusto
Toro	152	50	Toro

FONSECA (SUN GROWN CEDAR)

📄 Ⓢ Medium ◉ Peru/Nicaragua ◪ Dominikan. Rep.
◯ Connecticut

Name	Länge (mm)	Ringmaß	Form
4	108	50	Robusto
3	140	52	Robusto
2	159	52	Toro
1	165	44	Lonsdale

Kubanische Cadetes

FONSECA (VINTAGE)

📄 Ⓢ Medium ◉ Dominikan. Rep. ◪ Dominikan. Rep.
◯ Ecuadorianischer Shade-Tabak

Name	Länge (mm)	Ringmaß	Form
Petite Belicoso	108	40	Petit Corona
Robusto	127	50	Robusto
Cetros	152	43	Long Corona
Belicoso	159	52	Belicoso
Lonsdale	171	45	Lonsdale
Churchill	178	50	Double Coron

THE GRIFFIN'S [DOMINIKANISCHE REPUBLIK]

D iese Marke entwickelte Bernard H. Grobert 1964 in der Dominikanischen Republik. Vor Kurzem erwarb Davidoff die Markenrechte. Die Griffin's-Standardzigarre ist mild bis medium, wie man es von dominikanischen Umblättern und Einlagen und von Connecticut-Shade-Deckblättern erwarten kann. Die aromatischere Maduro-Serie besitzt die gleiche Einlage und das gleiche Umblatt, aber ein Connecticut-Broadleaf-Deckblatt. Um die allgemein steigende Nachfrage nach stärkeren Zigarren zu befriedigen, ist die Fuerte-Serie noch kräftiger. Das Deckblatt ist aus Connecticut Shade, die Einlage mischt der berühmte Zigarrenmacher Hendrik Kelner aus aromatischeren dominikanischen Ligero-Blättern.

THE GRIFFIN'S
⬛ Ⓢ Mild bis medium ◉ Dominikan. Rep. ◉ Dominikan. Rep.
◯ Connecticut Shade

Name	Länge (mm)	Ringmaß	Form
Privilege	127	32	Panatela
No. 500	127	42	Petit Corona
Pirámide	140	52	Figurado
No. 400	152	38	Panatela
No. 300	159	44	Corona
Toro	165	50	Toro
No. 100	178	38	Panatela
No. 200	178	44	Lonsdale
Prestige	191	50	Double Corona

THE GRIFFIN'S (MADURO)
⬛ Ⓢ Medium bis stark ◉ Dominikan. Rep. ◉ Dominikan. Rep.
◯ Connecticut Broadleaf

Name	Länge (mm)	Ringmaß	Form
No. 500 (Maduro)	127	42	Petit Corona
Robusto (Maduro)	127	50	Robusto
Pirámide (Maduro)	140	52	Figurado
Toro (Maduro)	159	52	Toro

THE GRIFFIN'S (FUERTE)
⬛ Ⓢ Medium bis stark ◉ Dominikan. Rep. ◉ Dominikan. Rep.
◯ Connecticut Shade

Name	Länge (mm)	Ringmaß	Form
Fuerte Short Corona	102	43	Corona
Fuerte Robusto	120	48	Robusto
Fuerte Toro	152	50	Toro

Prestige

HENRY CLAY [DOMINIKANISCHE REPUBLIK/HONDURAS]

Henry Clay wurde nach einem berühmten US-Senator des 19. Jahrhunderts benannt, der angeblich eine Tabakplantage in Kuba besaß. Anfang des 20. Jahrhunderts war sie eine der bekanntesten kubanischen Marken. Nach dem US-Embargo wurde die Produktion in Kuba jedoch eingestellt, obwohl die alte Fabrik in Havanna nach wie vor auf der Kiste abgebildet ist.

Die Marke wurde zuerst in der Dominikanischen Republik wiederbelebt. Für die Einlage und das Umblatt verwendete man einheimischen Tabak, für das Deckblatt Connecticut Broadleaf Maduro – und wer wollte, bekam die Zigarren einzeln in Zellophan verpackt. Sie waren beliebt bei Rauchern, die stärkeren Tabak schätzten, und standen im Ruf, ihr Geld wert zu sein, obwohl sie nicht so gut aussahen. Die honduranischen Henry Clays wurden 2005 aus der Taufe gehoben. Umblatt und Deckblatt kommen aus Nicaragua, die Einlage wird aus honduranischem, peruanischem und nicaraguanischem Tabak gemischt.

HENRY CLAY (DOMINIKANISCH)

▤ Ⓢ Medium bis stark ◉ Dominikan. Rep. ◉ Dominikan. Rep.
◉ Connecticut Broadleaf Maduro

Name	Länge (mm)	Ringmaß	Form
Rothschild	127	50	Robusto
Brevas	130	42	Corona
Breva Conservas	143	46	Grand Corona
Toro	152	50	Toro
Breva Finas	165	48	Double Corona
Grande	165	48	Double Corona

HENRY CLAY (HONDURANISCH)

▤ Ⓢ Medium ◉ Nicaragua/Honduras/Peru ◉ Nicaragua
◉ Nicaragua

Name	Länge (mm)	Ringmaß	Form
Hermoso	127	50	Robusto
Grande	152	50	Toro
Belicoso	156	52	Figurado
Dalia	165	44	Lonsdale
Churchill	178	52	Double Corona

Dominikanische Breva Conservas

HENRY CLAY [FORTSETZUNG]

1 Dominikanische Rothschild

2 Dominikanische Toro **3** Dominikanische Brevas

H. UPMANN [KUBA/DOMINIKANISCHE REPUBLIK]

N iemand weiß genau, wie diese berühmte kubanische Zigarrenmarke entstand. Sicher ist, dass „Upmann" (vielleicht
auch „Hupmann") der Name einer Anfang des 19. Jahrhunderts in Havanna tätigen deutschen Bank war. Man erzählt, die Bank
habe ihren besten Kunden Zigarrenkisten geschenkt, und diese seien
derart beliebt gewesen, dass Hermann Upmann, der Bankdirektor,
1844 beschloss, eine Fabrik zu kaufen und selbst Zigarren herzustellen. Außerdem erfand er womöglich die kleine Zigarrenkiste aus
Zedernholz. Nach der Revolution wurde die Fabrik in José Martí umbenannt. Sie steht heute noch.

Menéndez y García

Während des restlichen 19. bis Anfang des 20. Jahrhunderts fanden
Upmann-Zigarren großen Anklang auf der ganzen Welt und wurden
zu einer der angesehensten kubanischen Marken. Um 1922 gingen
die Bank und die Zigarrenfabrik bankrott. Die britischen Zigarrenim-
porteure J. Frankau & Co. kauften die Fabrik und die Marke und ver-
kauften sie 1935 an eine junge kubanische Zigarrenfirma namens
Menéndez y García. Alonso Menéndez und „Pépé" García arbeiteten

Kubanische Magnum
50 EL 2005

H. UPMANN (RESERVE)
▤ ⓢ Mild bis medium ◉ Dominikan. Rep./Nicaragua/Peru
◍ Connecticut Broadleaf ◒ Ecuador

Name	Länge (mm)	Ringmaß	Form
No. 1	127	44	Petit Corona
Lord Rothchilde	127	50	Robusto
Double Corona	152	50	Toro
No. 2	156	52	Toro
Sir Winston	178	50	Double Corona

H. UPMANN (VINTAGE CAMEROON)
▤ ⓢ Mild bis medium ◉ Dominikan. Rep./Nicaragua/Peru
◍ Nicaragua ◒ Kamerun

Name	Länge (mm)	Ringmaß	Form
Petit Corona	127	40	Petit Corona
Robusto	127	52	Robusto
Corona	140	44	Corona
Toro	152	44	Toro
Belicoso	156	52	Belicoso
Lonsdale	168	44	Lonsdale
Churchill	178	50	Double Corona

Kubanische Grand
Corona

hart, damit H. Upmann eine der angesehensten Marken blieb. Sie entwickelten eine neue Montecristo-Serie, aus der später die berühmte Marke Montecristo wurde.

Altadis

Als die Firma nach der kubanischen Revolution verstaatlicht wurde, eröffneten Menéndez und García zuerst eine Fabrik auf den Kanaren, dann in der Dominikanischen Republik. Heute gehört sie Altadis.

Die kubanischen Upmanns schmecken meist mild bis medium und sind in zahlreichen Vitolas erhältlich. Zu den beliebtesten gehören Sir Winston, Magnum 46 und Pirámide No. 2. Zu Ehren der Marke brachte Cubatabaco eine Upmann-Vitola als limitierte Edition auf den Markt: die Magnum 50.

Die dominikanischen Upmanns gibt es ebenfalls in verschiedenen Formen und Größen. In den letzten paar Jahren erschienen sowohl die Serie Reserve mit ecuadorianischen Deckblättern als auch die Serie Vintage Cameroon, die zu den original nichtkubanischen Deckblättern aus Kamerun zurückkehrt.

H. UPMANN (KUBANISCH)
▤ Ⓢ Mild bis medium ◉ Kuba ◕ Kuba ◯ Kuba

Name	Länge	Ringmaß	Form
Petit Upmann	114	36	Cadete
Corona Junior	115	36	Cadete
Corona Minor	117	40	Petit Corona
Connoisseur No. 1	127	48	Robusto
Magnum 46	143	46	Corona Gorda
Grand Corona	146	40	Corona
Pírámide No. 2	156	52	Figurado
Magnum 50 EL 2005	157	50	Double Robusto
Sir Winston/Monarca	178	47	Julieta

H. UPMANN (DOMINIKANISCH)
▤ Ⓢ Mild bis medium ◉ Dominikan. Rep./Brasilien
◕ Dominikan. Rep. ◯ Indonesien

Name	Länge (mm)	Ringmaß	Form
Demi Tasse	114	33	Demi Tasse
Petit Corona	127	44	Petit Corona
No. 100	127	50	Robusto
Toro	152	50	Toro
Belicoso	156	52	Belicoso
Lonsdale	165	44	Lonsdale

1 Kubanische Corona Minor (Tubo) **2** Kubanische Sir Winston
3 Kubanische Magnum 46 **4** Kubanische Corona Junior

HOYO DE MONTERREY [KUBA/HONDURAS]

Honduranische
Demi Tasse

Die Marke Hoyo de Monterrey wurde 1865 von José Gener, einem ehemaligen Tabakfarmer, eingeführt. Gener erlernte den Tabakhandel als junger Arbeiter auf einer Plantage bei dem Dorf San Juan y Martinez in der kubanischen Region Vuelta Abajo, wo der edelste Tabak des Landes wächst. Auf einem Eisentor in diesem Dorf kann man immer noch die Worte „Hoyo de Monterrey: José Gener 1860" lesen. Heute werden die Zigarren in der Fabrik Fernando Roig (früher La Corona) hergestellt. Hoyo de Monterreys, vor allem die Double Corona (die heute fast legendär ist) und die Epicures Nos. 1 & 2, haben sich im Laufe der Jahre zu Favoriten der Zigarrenliebhaber entwickelt. Dann gibt es da noch Zino Davidoffs gefeierte Châteaux-Serie, die auf der Cabinet-Serie Hoyo de Monterrey basiert. Erwähnenswert ist auch die Serie Le Hoyo, die 1970 auf den Markt kam.

HOYO DE MONTERREY (KUBANISCH)

📖 Ⓢ Mild bis medium ◉ Kuba ◙ Kuba ◯ Kuba

Name	Länge (mm)	Ringmaß	Form
Le Hoyo du Depute	110	38	Perla
Margarita	120	26	Cigarillo
Epicure No. 2	124	50	Robusto
Short Hoyo Corona	129	42	Mareva
Le Hoyo du Prince	130	40	Mareva
Le Hoyo du Roi	142	42	Corona
Epicure No. 1	143	46	Corona Gorda
Le Hoyo du Dauphin	152	38	Laguito No. 2
Le Hoyo des Dieux	155	42	Corona Grande
Double Corona	194	49	Double Corona
Particulares LE 2001	235	47	Gran Corona

HOYO DE MONTERREY (HONDURANISCH)

📖 Ⓢ Stark ◉ Dominikan. Rep./Honduras/Nicaragua
◙ Connecticut Broadleaf ◯ Ecuador

Name	Länge (mm)	Ringmaß	Form
Demi Tasse	102	39	Demi Tasse
Rothschild	114	50	Robusto
Margarita	133	29	Cigarillo
Super Hoyo	140	44	Corona
Corona	143	46	Corona
Churchill	159	45	Grand Corona
Double Corona	171	48	Double Corona
Largo Elegante	184	34	Long Panatela
Presidente	216	52	Giant

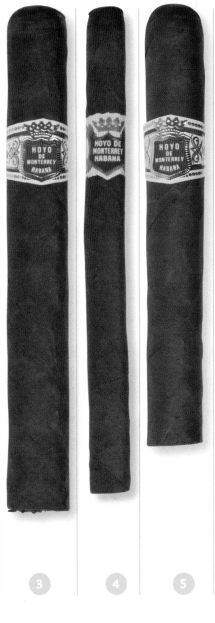

1 Kubanische limitierte Edition Particulares 2001

2 Kubanische Double Corona

3 Kubanische Le Hoyo du Prince

4 Kubanische Margarita

5 Kubanische Le Hoyo du Depute

Kubanische
Epicure No. 2

Honduras

Die honduranische Marke Hoyo de Monterrey wurde 1965 zusammen mit der honduranischen Punch eingeführt. Beide Marken gehörten ursprünglich Fernando Palicio in Kuba, der sie nach der Revolution an Castro abtreten musste. Die amerikanischen Rechte verkaufte er an Villazon & Co., heute eine Tochtergesellschaft der General Cigar Co. Zunächst wurde die amerikanische Marke Hoyo in Tampa, Florida, produziert, aber der legendäre und einflussreiche Frank Llaneza (der später Villazons Präsident wurde) verlegte sie 1969 nach Honduras.

Llaneza und später auch Estelo Padrón wirkten mit der Marke Hoyo Wunder. Sie schufen kräftige, dicke Zigarren mit Einlagen aus Nicaragua, der Dominikanischen Republik und Honduras, Connecticut-Broadleaf-Umblättern und ecuadorianischen Deckblättern, deren Saatgut aus Sumatra stammte. Besonders beliebt war die Serie Excalibur (in Europa eine eigene Marke) mit Connecticut-Shade-Deckblättern. Vor Kurzem brachte Hoyo die noch stärkere Serie Dark Sumatra auf den Markt.

HOYO DE MONTERREY (DARK SUMATRA)

📄 Ⓢ Stark 🔘 Dominikan. Rep./Honduras/Nicaragua
🟢 Connecticut Broadleaf 🌑 Ecuador

Name	Länge (mm)	Ringmaß	Form
Espresso	114	50	Robusto
Media Noche	146	54	Toro
Ebano	152	45	Grand Corona
Noche	165	52	Toro

HOYO DE MONTERREY (EXCALIBUR 1066)

📄 Ⓢ Stark 🔘 Dominikan. Rep./Honduras/Nicaragua
🟢 Ecuador/Connecticut Broadleaf 🌑 Connecticut Shade/Kamerun

Name	Länge (mm)	Ringmaß	Form
Merlin	133	50	Robusto
King Arthur	159	45	Corona
Galahad	171	47	Churchill
Lancelot	184	54	Double Corona

LA GLORIA CUBANA

[KUBA/DOMINIKANISCHE REPUBLIK/USA]

O bwohl La Gloria Cubana 1885 eingeführt wurde und Mitte des 19. Jahrhunderts eine beliebte Exportmarke war, gehört sie wohl zu den weniger bekannten kubanischen Marken. Das liegt vor allem daran, dass die Produktion kurz nach der Revolution eingestellt und die Marke erst 1967 wiederbelebt wurde, und zwar in relativ kleiner Auflage. Hergestellt wird diese Marke, die für ihre langen, schlanken Panatelas bekannt ist, in der Partagás-Fabrik. Die Zigarren gelten im Vergleich zur Marke Partagás allgemein als leichter; dennoch hat sich die Medaille d'Or No. 2 bei Aficionados in aller Welt Respekt verschafft.

Ernesto Perez-Carrillo

Der frühere kubanische Senator und Tabakfarmer Ernesto Perez-Carrillo nahm das Rezept für die Einlage der Gloria Cubana mit, als

Kubanische
Medaille d'Or No. 2

LA GLORIA CUBANA (KUBANISCH)

📖 ⑤ Medium ◉ Kuba ◑ Kuba ◯ Kuba

Name	Länge (mm)	Ringmaß	Form
Medaille d'Or No. 4	152	32	Panatela
Medaille d'Or No. 2	170	43	Dalia
Medaille d'Or No. 3	175	28	Panatela Larga
Taino	178	47	Julieta
Medaille d'Or No. 1	185	36	Delicado Extra

LA GLORIA CUBANA (DOMINIKAN./US-AMERIKAN.)

📖 ⑤ Medium bis stark ◉ Dominikan. Rep./Nicaragua ◑ Nicaragua ◯ Ecuador

Name	Länge (mm)	Ringmaß	Form
Wavell	127	50	Robusto
Medaille d'Or No. 4	152	32	Panatela
Corona Gorda	152	52	Toro
Medaille d'Or No. 2	159	43	Long Corona
Gloria Extra	159	46	Grand Corona
Torpedo No. 1	165	54	Figurado
Medaille d'Or No. 1	171	43	Lonsdale
Medaille d'Or No. 3	178	33	Long Panatela
Panatela Deluxe	178	37	Long Panatela
Churchill	178	50	Churchill
Gloria Immenso	197	48	Churchill
Soberano	203	52	Giant
Crown Imperial	229	49	Giant

er 1959 nach der Revolution Kuba verließ. Ende der 1960er-Jahre begann er, die Zigarren in Little Havana, Miami, herzustellen. Ihre Popularität verdankten sie ihrem ungewöhnlich vollen Aroma, das in den 1980er-Jahren noch kräftiger wurde, weil Ernesto jun. stärkere dominikanische und nicaraguanische Blätter mischte. Um die Nachfrage zu befriedigen, gründete die Familie in der Dominikanischen Republik eine zweite Fabrik, behielt aber die Produktion in den USA bei. Nach dem Tod des Vaters schuf Ernesto jun. noch aromatischere Zigarren in Form der Serie R, die mit Natural- und Maduro-Deckblättern erhältlich ist. Obwohl er die Firma weiter leitete, verkaufte er die Marke für mehrere Millionen Dollar an den schwedischen Tabakriesen Swedish Match. 2005 wurde die Serie Reserva Figurados eingeführt. Diese Zigarren haben eine dominikanisch-nicaraguanische Einlage, nicaraguanische Umblätter und Connecticut-Broadleaf-Maduro- oder ecuadorianische Natural-Deckblätter.

Gloria Cubanas sind für ihr volles Aroma und ihre Stärke, aber auch für ihre gute Qualität bekannt. Vor allem die Torpedo No. 1 ist in aller Welt wegen ihrer erstaunlich guten Form gefragt.

LA GLORIA CUBANA (SERIE R)
📄 Ⓢ Medium bis stark ◉ Dominikan. Rep./Nicaragua
◉ Nicaragua ◯ Ecuador

Name	Länge (mm)	Ringmaß	Form
No. 4	124	52	Robusto
No. 5	140	54	Robusto
No. 6	149	60	Robusto
No. 7	178	58	Double Corona

LA GLORIA CUBANA (RESERVA FIGURADOS)
📄 Ⓢ Medium bis stark ◉ Dominikan. Rep./Nicaragua
◉ Nicaragua ◯ Ecuador/Connecticut Broadleaf

Name	Länge (mm)	Ringmaß	Form
Felicias	117	49	Figurado
Flechas Especiales	152	49	Figurado
Regalias Perfecto	159	57	Figurado
Selectos de Lujos	178	54	Figurado
Pirámides Classicas	178	56	Figurado

Kubanische Taino

MACANUDO [DOMINIKANISCHE REPUBLIK]

M acanudo ist in den USA eine der meistverkauften Premium-Marken. Der Name Macanudo (er bedeutet „super") wurde zuerst vor dem Zweiten Weltkrieg für eine kubanische Punch benutzt. Punch gehörte damals der Familie Palicio, die sich nach Kriegsausbruch wie andere Kubaner in Jamaika niederließ, wo sie Macanudo als eigene Marke einführte.

In den USA brachte die General Cigar Co. Macanudo 1970 auf den Markt. Ihr weicher, milder Geschmack und ihre vorzügliche Qualität machten sie zur meistverkauften Marke in den USA.

Etwa 30 Jahre lang wurde die Marke in Jamaikas Temple-Hall-Fabrik hergestellt. Auch in der Dominikanischen Republik begann die

Café Duke of Windsor

MACANUDO (CAFÉ)
📄 Ⓢ Mild bis medium ◉ Dominikan. Rep./Mexiko ◉ Mexiko ◯ Connecticut Shade

Name	Länge (mm)	Ringmaß	Form
Caviar	102	36	Small Panatela
Ascot	106	32	Small Panatela
Lords	120	49	Robusto
Petit Corona	127	38	Petit Corona
Duke of Devon	140	42	Corona
Crystal	140	50	Robusto
Duke of Windsor	152	50	Toro
Majesty	152	54	Toro
Baron de Rothschild	165	42	Lonsdale
Trump	165	45	Toro
Portofino	178	34	Long Panatela
898	178	45	Grand Corona
Prince of Wales	203	52	Giant
Duke of Wellington	216	47	Giant

MACANUDO (ROBUST)
📄 Ⓢ Medium ◉ Dominikan. Rep./Honduras/Nicaragua ◉ Connecticut Broadleaf ◯ Connecticut Shade

Name	Länge (mm)	Ringmaß	Form
Ascot	106	32	Small Panatela
Petit Corona	127	38	Petit Corona
Duke of Devon	140	42	Corona
Hampton Court	140	42	Corona
Hyde Park	140	49	Robusto
Baron de Rothschild	165	42	Long Corona
Portofino	178	34	Long Panatela
Prince Philip	191	49	Double Corona

Maduro Diplomat

Produktion. Im Jahr 2000 wurde die Fabrik in Jamaika geschlossen, und heute werden die Zigarren ausschließlich in der Dominikanischen Republik gemacht.

Es gibt fünf Serien: die klassische Macanudo Café sowie die Serien Robust, Maduro, Vintage und Gold Label. Die Deckblätter bestehen aus Connecticut Shade, außer bei den *maduros*, die Connecticut Broadleaf benutzen. Die Serie Gold Label verwendet goldene Blätter des ersten und zweiten Erntestadiums, die Serie Vintage hat Shade-Deckblätter des Jahrgangs 1997. Je nach Serie kommen die Einlagen aus Mexiko, der Dominikanischen Republik (kubanischstämmig), Nicaragua und Honduras.

MACANUDO (MADURO)
📄 ⑤ Medium ◉ Dominikan. Rep./Mexiko
◉ Connecticut Broadleaf ◯ Connecticut Broadleaf

Name	Länge (mm)	Ringmaß	Form
Ascot	106	32	Small Panatela
Diplomat	114	60	Figurado
Hampton Court	140	42	Corona
Duke of Devon	140	42	Corona
Hyde Park	140	49	Robusto
Baron de Rothschild	165	42	Long Corona
Prince Philip	191	49	Double Corona

MACANUDO (VINTAGE)
📄 ⑤ Medium ◉ Dominikan. Rep./Mexiko ◉ Mexiko
◯ Connecticut Shade (1997)

Name	Länge (mm)	Ringmaß	Form
Demi 97	106	36	Short Panatela
III	140	43	Corona
V	140	49	Robusto
VIII	140	50	Robusto
II	165	43	Long Corona
I	191	49	Double Corona

MACANUDO (GOLD LABEL)
📄 ⑤ Medium ◉ Dominikan. Rep./Mexiko ◉ Mexiko
◯ Golden Connecticut Shade

Name	Länge (mm)	Ringmaß	Form
Somerset	127	54	Robusto
Duke of York	133	54	Robusto
Tudor	152	52	Toro
Shakespeare	165	45	Grand Corona
Lord Nelson	178	49	Churchill

MONTECRISTO [KUBA/DOMINIKANISCHE REPUBLIK]

E twa die Hälfte der kubanischen Premium-Zigarren-Exporte besteht aus der Marke Montecristo, der wohl bekanntesten Premium-Zigarre der Welt. Man nimmt an, dass die No. 4 häufiger verkauft wird als jede andere kubanische Premium-Zigarre, und die No. 2 (Pyramide) gilt bei vielen als eine der besten kubanischen Zigarren aller Zeiten.

Geschaffen wurde die Marke Montecristo 1935 von Alonso Menéndez und Pépé García, die im selben Jahr H. Upmann von den englischen Zigarrenimporteuren J. Frankau & Co. erwarben. Sie wollten die Upmann-Palette erweitern, und so wurde die H. Upmann Montecristo Selection geboren – eine Serie aus nur fünf Vitolas von der No. 1 Cervantes (oder Lonsdale) bis zur No. 5 Petit Corona. Angeblich stammt der Name aus Alexander Dumas' Roman *Der Graf von Monte Christo*, damals eine Lieblingslektüre der *torcedores* in der Fabrik H. Upmann. Die neue Serie wurde ausschließlich in den renommierten Dunhill-Geschäften verkauft und galt bald auf der ganzen Welt als vorzügliche Marke. Auch Alfred Hitchcock gehörte zu ihren Fans.

MONTECRISTO (CLASSIC)

📖 ⑤ Medium ◉ Dominikan. Rep. ● Dominikan. Rep.
○ Connecticut Shade

Name	Länge (mm)	Ringmaß	Form
No. 5	102	40	Petit Corona
No. 4	127	40	Petit Corona
Robusto	127	52	Robusto
Especial No. 3	140	44	Corona
Toro	152	52	Toro
No. 2	156	52	Belicoso
Especial No. 1	168	44	Grand Corona
Churchill	178	54	Double Corona

Kubanische Edmundo

MONTECRISTO (PLATINUM)

📖 ⑤ Medium ◉ Dominikan. Rep./Nicaragua/Peru ● Nicaragua
○ Mexiko

Name	Länge (mm)	Ringmaß	Form
Robusto	127	50	Robusto
No. 3	140	44	Corona
Toro	152	50	Toro
Habana No. 2	156	52	Belicoso
No. 1	165	44	Lonsdale

Kubanische No. 4

José Manuel González

Die ursprüngliche Serie mit fünf Vitolas blieb nach dem Zweiten Weltkrieg unverändert, abgesehen davon, dass in den 1940er-Jahren die Tubo hinzukam. José Manuel González übernahm die Marke, nachdem die Revolution Menéndez und García gezwungen hatte, Kuba zu verlassen und erst auf die Kanaren, dann in die Dominikanische Republik umzuziehen. Unter seiner heute legendären Leitung wurden in den 1970er-Jahren vier weitere Zigarren eingeführt: Montecristo 'A' (235 mm), Especial, Especial No. 2 und Joyitas. Die drei Letzteren werden in den Vitolas Laguito Nos. 1, 2 und 3 hergestellt (dieselben Formate wie beim Flaggschiff Cohiba). Diese neuen Zigarren mit dem einzigartigen, vollen und würzigen Geschmack trugen dazu bei, Montecristo als führende kubanische Marke zu bestätigen. Später kamen noch Petit Tubo, Montecristo B, No. 6 und No. 7 hinzu. 2004 wurden die neue Vitola Edmundo und einige limitierte Editionen, darunter die Maduro-Zigarre Robusto 2006, eingeführt.

MONTECRISTO (KUBANISCH)
📖 Ⓢ Medium bis stark ◉ Kuba ◉ Kuba ◯ Kuba

Name	Länge (mm)	Ringmaß	Form
No. 5	102	40	Perla
Joyitas	115	26	Laguito No. 3
Robusto LE 2006	127	52	Robusto
No. 4	129	42	Mareva
Edmundo	135	52	Robusto
No. 3	142	42	Corona
Montecristo 'C'	143	46	Corona Gorda
Especial No. 2	152	38	Laguito No. 2
No. 2	156	52	Figurado
No. 1	165	42	Cervante
Montecristo 'D' 898	171	43	Dalia
Especial	192	38	Laguito No. 1
Montecristo 'A'	235	47	Gran Corona

MONTECRISTO (DOMINIKANISCH)
📖 Ⓢ Mild bis medium ◉ Dominikan. Rep. ◉ Dominikan. Rep.
◯ Connecticut Shade

Name	Länge (mm)	Ringmaß	Form
Robusto	120	50	Robusto
No. 3	140	44	Corona
No. 2	152	50	Figurado
Double Corona	159	50	Double Corona
No. 1	165	44	Lonsdale
Churchill	178	50	Churchill

1 Kubanische Montecristo 'A' **2** Kubanische No. 2
3 Kubanische Robusto LE 2006 **4** Kubanische Joyitas

Dominikanische
Double Corona

Altadis USA

Die dominikanische Marke Montecristo wurde ab 1995 ernsthaft ver-
marktet. Seitdem ist sie einer der Marktführer in Amerika und ein
kommerzieller Erfolg für Altadis USA. Dominikanische Montecristos
sind mild bis mäßig stark und als Montecristo, Classic, Platinum, Serie C und White erhältlich. Die Deckblätter der beiden Ersteren sind
Connecticut Shade Naturals, die Serie Platinum hat ein mexikanisches
Deckblatt kubanischer Herkunft, das Deckblatt der Serie C kommt aus
Kamerun, und für die Serie White wird ein Connecticut-Shade-Deckblatt aus Ecuador verwendet. Je nach Serie kommen die Einlagen und
Umblätter aus Nicaragua, der Dominikanischen Republik und Peru.

MONTECRISTO (SERIE C)
Medium ◉ Dominikan. Rep./Nicaragua/Peru ◎ Nicaragua
◎ Kamerun

Name	Länge (mm)	Ringmaß	Form
Robusto	127	52	Robusto
Corona	140	44	Corona
Toro	152	54	Toro
Belicoso	156	52	Belicoso

MONTECRISTO (WHITE)
Medium ◉ Dominikan. Rep./Nicaragua ◎ Nicaragua
◎ Ecuador

Name	Länge (mm)	Ringmaß	Form
Rothchilde	127	52	Robusto
Especial No. 3	140	44	Corona
Toro	152	54	Toro
No. 2 Belicoso	156	52	Belicoso
Especial No. 1	165	44	Lonsdale
Churchill	178	54	Churchill

MONTESINO [DOMINIKANISCHE REPUBLIK]

Die Marke Montesino war eine der ersten, die Carlos Fuente einführte, als er 1980 in der Dominikanischen Republik sein heute riesiges Zigarrenimperium gründete. Ursprünglich bestand die Marke nur aus vier Formaten, die entweder mit einem Natural-Connecticut-Shade- oder einem Maduro-Connecticut-Broadleaf-Deckblatt erhältlich waren. Die Einlage und das Umblatt stammten aus der Dominikanischen Republik. Dank eines größeren Vorrats an gereiften Tabaken und einer größeren Zahl ausgebildeter Roller wurden der ursprünglichen Palette (Gran Corona, No. 1, No. 2 und die beliebte Diplomatico) vor Kurzem weitere Vitolas hinzugefügt, darunter eine Pirámide mit ecuadorianischem Deckblatt.

Unentdeckte Montesinos

Obwohl Montesinos überall auf der Welt gelobt werden und im Ruf stehen, gut gemacht und preiswert zu sein, müssen diese Zigarren kämpfen, um mit den Marken Arturo Fuente und OpusX, den Bestsellern der Tabacalera A. Fuente y Cia, mithalten zu können.

MONTESINO
📋 Ⓢ Medium ◉ Dominikan. Rep./Nicaragua ◉ Dominikan. Rep. ◯ Ecuador

Name	Länge (mm)	Ringmaß	Form
Robusto	127	50	Robusto
Belicoso Magnum	133	52	Belicoso
Diplomatico	140	42	Corona
Belicoso No. 2	152	49	Belicoso
Toro	152	50	Toro
Pirámide	152	52	Figurado
No. 2	159	44	Long Corona
Gran Corona	171	48	Churchill
Super Belicoso	171	54	Double Corona
No. 1	175	43	Lonsdale

Robusto

NAT SHERMAN [DOMINIKANISCHE REPUBLIK]

Nur wenige Zigarrenliebhaber, die je nach New York reisten, ließen sich die Gelegenheit entgehen, dort das berühmte Tabakgeschäft Nat Sherman zu besuchen. Nat Sherman eröffnete 1930 am Broadway seinen ersten Laden. Sein Partner war Charles Baer, der Eigentümer der Epoca Cigar Factory. Bald darauf zahlte Sherman Baer aus und legte damit den Grundstein des Familienunternehmens, das noch heute besteht. Im Zweiten Weltkrieg schuf er seine eigenen Marken, die in den darauffolgenden 60 Jahren in ganz Manhattan in Gentlemen-Klubs geraucht wurden. Nat-Sher-

NAT SHERMAN (HOST)
Mild bis medium ◉ Dominikan. Rep. ◉ Dominikan. Rep. ◯ Connecticut Shade

Name	Länge (mm)	Ringmaß	Form
Hudson	120	32	Small Panatela
Hobart	127	50	Robusto
Hamilton	140	42	Corona
Hunter	152	43	Long Corona
Harrington	152	48	Toro
Hampton	178	50	Double Corona

NAT SHERMAN (METROPOLITAN)
Mild bis medium ◉ Dominikan. Rep. ◉ Dominikan. Rep. ◯ Connecticut Shade

Name	Länge (mm)	Ringmaß	Form
Union	114	50	Robusto
Banker	127	70	Super Robusto
Angler	140	43	Figurado
University	152	50	Toro
Explorer	165	52	Belicoso
Metropolitan	178	50	Double Corona

NAT SHERMAN (METROPOLITAN MADURO)
Mild bis medium ◉ Dominikan. Rep. ◉ Dominikan. Rep. ◯ Connecticut Broadleaf

Metropolitan

University

Name	Länge (mm)	Ringmaß	Form
Union	114	50	Robusto
Banker	127	70	Super Robusto
Angler	140	43	Figurado
University	152	50	Toro
Explorer	165	52	Belicoso
Metropolitan	178	50	Double Corona

man-Zigarren sind fester Bestandteil New Yorker Kultur und Geschichte. Heute gibt es acht Nat-Sherman-Serien: Host, Metropolitan, Metropolitan Maduro, VIP, Gotham Eastside, Gotham Westside, 1400 und Suave. Verwendet werden viele verschiedene Tabake, darunter Einlagen und Umblätter aus Südamerika und der Dominikanischen Republik sowie Maduro- oder Natural-Deckblätter aus Connecticut.

NAT SHERMAN (VIP)
📄 💲 Medium ⊙ Dominikan. Rep. ◉ Dominikan. Rep./Südamerika ◒ Connecticut Shade

Name	Länge (mm)	Ringmaß	Form
Vanderbilt	114	40	Petit Corona
Astor	114	50	Robusto
Carnegie	152	48	Toro
Morgan	178	42	Churchill
Ziegfeld	178	50	Double Corona

NAT SHERMAN (GOTHAM EASTSIDE)
📄 💲 Mild bis medium ⊙ Dominikan. Rep. ◉ Dominikan. Rep. ◒ Connecticut Shade

Name	Länge (mm)	Ringmaß	Form
No. 175	127	42	Petit Corona
No. 65	152	32	Slim Panatela
No. 711	152	50	Toro
No. 629	152	59	Belicoso
No. 1400	159	44	Long Corona
No. 500	178	52	Double Corona

NAT SHERMAN (GOTHAM WESTSIDE)
📄 💲 Mild bis medium ⊙ Dominikan. Rep./Peru ◉ Dominikan. Rep./Peru ◒ Brasilien

Name	Länge (mm)	Ringmaß	Form
No. 175	127	42	Petit Corona
No. 65	152	32	Slim Panatela
No. 711	152	50	Toro
No. 629	152	59	Belicoso
No. 1400	159	44	Long Corona
No. 500	178	52	Double Corona

NAT SHERMAN (1400)
📄 💲 Medium ⊙ Nicaragua ◉ Nicaragua ◒ Ecuador

Name	Länge (mm)	Ringmaß	Form
Palma Grande	165	44	Lonsdale
Double Corona	178	50	Double Corona

Metropolitan

Metropolitan

PADRON [NICARAGUA/HONDURAS]

2000

Die Geschichte der Padrón-Zigarren könnte die Überschrift „Vom Tellerwäscher zum Millionär" tragen. Der 37-jährige José Orlando Padrón verließ Kuba und die Tabakplantage seiner Familie nach der Revolution und zog völlig mittellos nach Miami, Florida. Er erhielt finanzielle Starthilfe von einer exilkubanischen Hilfsorganisation und einem Freund und verdiente zunächst seinen Lebensunterhalt mit Rasenmähen. In seiner Freizeit machte er Zigarren, wobei ein Roller ihn unterstützte. Da seine Produkte in der Umgebung immer beliebter wurden, führte er 1964 die Marke Padrón ein.

Im Jahr 1970 entdeckte er einen nicaraguanischen Tabak kubanischer Herkunft, der dem kubanischen Tabak seiner Meinung nach näher kam als jeder andere. Daraufhin eröffnete er eine Fabrik in Nicaragua. Eine kurze Blütezeit nahm 1978 ein jähes Ende, als Kämpfe zwischen den Sandinisten und der Regierung Somoza ausbrachen. Aber Padrón ließ sich nicht entmutigen, zog 1979 nach Honduras und gründete dort eine neue Fabrik.

Jubiläums-Serien

Padrón achtete auf jedes Detail. Er pflanzte den edelsten Tabak und ließ ihn sorgfältig und geduldig reifen. Im Laufe der Jahre stellte er Zigarren her (die meisten sind mit Natural- und Maduro-Deckblättern

PADRON
📄 Ⓢ Medium ◉ Nicaragua ◍ Nicaragua ◯ Nicaragua

Name	Länge (mm)	Ringmaß	Form
Delicias	124	46	Corona Extra
2000	127	50	Robusto
Chicos	140	36	Panatela
Londres	140	42	Corona
3000	140	52	Robusto
5000	140	56	Toro
Palmas	160	42	Lonsdale
4000	165	54	Churchill
Panatela	175	36	Panatela
Ambassador	175	42	Lonsdale
Churchill	175	46	Churchill
Executive	191	50	Double Corona
Grand Reserve	203	41	Long Corona
Magnum	229	50	Giant

erhältlich), die bei Blindtests auf der ganzen Welt hervorragend abschnitten. Infolgedessen wuchs sein Geschäft. Um das 30. Jubiläum der Firma zu feiern, brachte die Familie 1994 die Serie Padrón 1964 auf den Markt. Die Einlagen bestanden aus Tabak, der mindestens vier Jahre gereift war. Diese Serie mit neun Vitolas (ebenfalls mit Natural- oder Maduro-Deckblättern erhältlich) war sofort erfolgreich. Ihr folgte die limitierte Edition Millennium-Series mit 1000 durchnummerierten Kisten, die jeweils 100 ebenfalls durchnummerierte Zigarren (152-mm-Toros mit Ringmaß 52) enthielten. 2004 kam die Serie 1926 hinzu (Padróns Geburtsjahr), deren Version mit Natural-Deckblättern der *Cigar Aficionado* zur „Zigarre des Jahres" wählte. Inzwischen gibt es auch Zigarren zum 40. Jubiläum, deren Grundlage die Serie 1926 ist.

PADRON (1964 ANNIVERSARY SERIES)

📄 Ⓢ Medium bis stark ◉ Nicaragua ◉ Nicaragua
◯ Nicaragua

Name	Länge (mm)	Ringmaß	Form
Príncipe	114	46	Corona Extra
2000	127	50	Robusto
Exclusivo	140	50	Robusto
Corona	152	42	Long Corona
Torpedo	152	52	Belicoso
Imperial	152	54	Toro
Superior	165	42	Lonsdale
Monarca	165	46	Grand Corona
Pirámide	175	42	Figurado
Diplomatico	178	50	Double Corona
'A'	222	50	Corona Extra

PADRON (SERIE 1926)

📄 Ⓢ Medium bis stark ◉ Nicaragua ◉ Nicaragua
◯ Nicaragua

Name	Länge (mm)	Ringmaß	Form
No. 35	102	48	Robusto
No. 6	120	50	Robusto
No. 9	133	56	Robusto
No. 2	140	52	Belicoso
No. 40	165	54	Figurado
No. 1	171	54	Double Corona

1964 Anniversary
Series Torpedo

PARTAGAS [KUBA/DOMINIKANISCHE REPUBLIK]

Kubanische Short

P artagás, ebenfalls eine legendäre kubanische Marke, wurde im Jahr 1845 von Don Jaime Partagás Ravelo begründet; sie ist also eine der ältesten Havanna-Marken. Don Jaime war um 1825 von Spanien nach Kuba ausgewandert, kaufte in relativ kurzer Zeit in der Vuelta Abaja, Kubas Region für Premium-Tabak, Plantagen auf und begann, Zigarren von anerkannter Qualität zu produzieren. Sein Zigarrenunternehmen wurde immer größer, und schließlich baute er 1845 die heute berühmte Partagás-Fabrik (seit der kubanischen Revolution heißt sie Francisco Perez German) und führte seine Marke ein.

Nach seinem Tod in der zweiten Hälfte der 1860er-Jahre – angeblich wurde er wegen einer Liebesaffäre getötet – übernahm sein Sohn José die Firma. Er verkaufte das Geschäft 1900 an den Bankier José Bances, der es seinerseits an Fernández y Cifuentes verkaufte, einer

PARTAGAS (LIMITED RESERVE)

Medium · Dominikan. Rep./Mexiko · Mexiko · Kamerun

Name	Länge (mm)	Ringmaß	Form
Epicure	127	38	Short Panatela
Robusto	140	49	Robusto
Regale	165	47	Grand Corona
Royale	171	43	Long Corona

PARTAGAS (SPANISH ROSADO)

Medium · Dominikan. Rep./Mexiko/Honduras · Connecticut Broadleaf · Honduras

Name	Länge (mm)	Ringmaß	Form
Rojito	114	50	Robusto
San Augustin	140	52	Robusto
Familia	152	54	Toro
Ramón y Ramón	165	45	Grand Corona
Mitico	178	49	Double Corona

PARTAGAS (CIFUENTES)

Medium bis stark · Nicaragua · Nicaragua · Honduras

Name	Länge (mm)	Ringmaß	Form
Septiembre	140	49	Robusto
Octobre	152	54	Toro
Noviembre	165	45	Grand Corona

Partnerschaft aus den zwei gut eingeführten Zigarrenfamilien Fernández und Cifuentes. Als Fernández die Firma verließ, gewann Cifuentes Francisco Pego als Partner, und die beiden erwarben als Cifuentes y Pego auch die Rechte an der angesehenen, wenn auch wenig bekannten Marke Ramón Allones. 1954 wurde Ramón Cifuentes Eigentümer der Marke und der Fabrik Partagás und erwarb die Rechte an den Marken Bolívar und La Gloria Cubana. Diese stellte er in der Partagás-Fabrik her und wurde damit zum zweitgrößten Exporteur von Premium-Zigarren nach H. Upmann.

Heute ist die Partagás-Fabrik eines der Hauptziele von Touristen, die sich für Zigarren interessieren. Partagás produziert kräftige Zigarren in vielen Formaten. Zu den bekanntesten gehören die Serie D

Kubanische 8-9-8

PARTAGAS (DOMINIKANISCH)
📰 Ⓢ Medium ⦿ Dominikan. Rep./Mexiko ◉ Mexiko
◒ Kamerun

Name	Länge (mm)	Ringmaß	Form
Robusto	114	49	Robusto
No. 4	127	38	Short Panatela
Naturales	140	50	Robusto
No. 2	146	43	Corona
Sabroso	149	44	Long Corona
Aristocrat	152	50	Belicoso
Fabuloso	178	52	Double Corona
No. 9	216	47	Giant

PARTAGAS (BLACK LABEL)
📰 Ⓢ Medium ⦿ Dominikan. Rep. ◉ Dominikan. Rep./Nicaragua
◒ Connecticut Broadleaf

Name	Länge (mm)	Ringmaß	Form
Bravo	114	54	Robusto
Maximo	152	50	Toro
Magnifico	152	54	Toro
Pirámide	152	60	Figurado

PARTAGAS (SERIE S)
📰 Ⓢ Medium ⦿ Dominikan. Rep./Mexiko ◉ Mexiko
◒ Kamerun

Name	Länge (mm)	Ringmaß	Form
Esplendido	114	60	Figurado
Perfecto	152	49	Figurado
Preferido	152	52	Belicoso
Primero	152	60	Figurado
Exquisito	184	54	Figurado

No. 4 (Robusto), die Serie D No. 3 Limited Edition 2001 (2006 neu aufgelegt) und die 8-9-8 Dalia.

Dominikanische Partagás

Ramón Cifuentes verließ Kuba 1961, zwei Jahre nach der Revolution, und die Partagás-Fabrik wurde verstaatlicht. 1974 verkaufte er einen Teil der amerikanischen Rechte an der Marke Partagás an die General Cigar Company. Unter seiner Leitung wurden die nichtkubanischen Partagás-Zigarren in Jamaika produziert; 1979 verlegte man die Fabrik in die Dominikanische Republik. Anfangs zeichneten die Zigarren sich durch ihre aromatischen Kamerun-Deckblätter aus, die heute noch für die Serien dominikanisch und Serie S sowie Limited Reserve verwendet werden. Wegen des Trends zu kräftigeren Zigarren gibt es seit Kurzem auch die Serien Spanish Rosado und Partagás Cifuentes (benannt nach Ramón, der 2000 starb) mit honduranischen Deckblättern und stärkeren Einlagemischungen. Die Serie Black Label hat ein Connecticut-Deckblatt.

PARTAGAS (KUBA)
⬚ ⊗ Stark ◉ Kuba ◉ Kuba ○ Kuba

Name	Länge (mm)	Ringmaß	Form
Short	110	42	Petit Corona
Serie D No. 4	124	50	Robusto
Habaneros	125	39	Belvederes
Petit Corona Especial	132	44	Petit Corona
Super Partagás	140	40	Nacionales
Corona	142	42	Corona
Serie D No. 3 LE 2006	142	46	Corona Gorda
Serie D No. 2 LE 2003	152	50	Toro
Serie P No. 2	156	52	Pirámide
De Partagás No. 1	168	43	Dalia
8-9-8	170	43	Dalia
Churchill De Luxe	178	47	Julieta
Lusitania	194	49	Prominent

Kubanische Lusitania

1 Kubanische Serie D No. 4 **2** Kubanische Serie P No. 2 **3** Kubanische Serie D No. 3 LE 2006

PAUL GARMIRIAN (PG) [DOMINIKANISCHE REP.]

Gourmet Epicure

Die 1990 eingeführten PG-Zigarren gehören zu den erlesensten der Dominikanischen Republik. Die Serie Gourmet besteht aus Connecticut-Shade-Deckblättern und dominikanischen Einlagen und Umblättern. Die Marke ist in 21 Vitolas erhältlich, hat ein würziges und doch mildes Aroma und eine mittlere Stärke. Die jüngere Serie Gourmet II ist kräftiger als das Original. Die Serie Reserva Exclusiva wird aus zehn Jahre altem Tabak gemacht und ist noch stärker. Die Serie Gourmet Maduro verwendet dominikanische und brasilianische Einlagen, indonesische Umblätter und Connecticut-Broadleaf-Deckblätter.

PAUL GARMIRIAN (GOURMET)
Medium bis stark Dominikan. Rep. Dominikan. Rep.
Connecticut Shade

Name	Länge (mm)	Ringmaß	Form
Bombones	89	43	Petit Corona
No. 5	102	40	Petit Corona
Torito	102	50	Robusto
Petit Bouquet	114	38	Belicoso
No. 2	120	48	Robusto
Petit Corona	127	43	Petit Corona
Robusto	127	50	Robusto
Corona	140	42	Corona
Epicure	140	50	Robusto
Belicoso Fino	140	52	Belicoso
Especial	146	38	Panatela
Connoisseur	152	50	Toro
Lonsdale	165	42	Lonsdale
Corona Grande	165	46	Grand Corona
No. 1	191	38	Long Panatela

PAUL GARMIRIAN (GOURMET MADURO)
Medium bis stark Dominikan. Rep./Brasilien
Indonesien Connecticut Broadleaf

Name	Länge (mm)	Ringmaß	Form
Bombones Maduro	89	43	Petit Corona
Torito Maduro	102	50	Robusto
Robusto Maduro	127	50	Robusto
Connoisseur Maduro	152	50	Toro
Belicoso Maduro	159	52	Belicoso
Magnum Maduro	178	50	Double Corona
Celebration Maduro	229	50	Giant

PAUL GARMIRIAN (GOURMET 15TH ANNIVERSARY)
📃 Ⓢ Medium bis stark ◉ Dominikan. Rep. ▥ Dominikan. Rep.
◑ Colorado/Nicaragua

Name	Länge (mm)	Ringmaß	Form
Robusto	127	50	Robusto
Corona Extra	140	46	Corona Extra
Connoisseur	152	52	Toro
Belicoso Extra	171	52	Belicoso

PAUL GARMIRIAN (RESERVA EXCLUSIVA)
📃 Ⓢ Medium bis stark ◉ Dominikan. Rep./Ecuador
▥ Dominikan. Rep. ◑ Ecuador

Name	Länge (mm)	Ringmaß	Form
No. 5 RE	102	40	Petit Corona
Torito RE	102	50	Robusto
Corona Extra RE	127	46	Corona Extra
Robusto RE	127	50	Robusto
Corona RE	140	42	Corona
Connoisseur RE	152	50	Toro
Belicoso RE	159	52	Belicoso
Churchill RE	178	48	Churchill
Gran Panatela RE	191	40	Long Panatela

PAUL GARMIRIAN (ARTISAN'S SELECTION)
📃 Ⓢ Mild bis medium ◉ Dominikan. Rep. ▥ Dominikan. Rep.
◑ Connecticut Shade

Name	Länge (mm)	Ringmaß	Form
No. 7	114	48	Robusto
No. 3	127	50	Robusto
No. 5	127	52	Belicoso
No. 9	133	42	Corona
No. 4	140	52	Belicoso
No. 2	152	50	Toro
No. 8	159	46	Grand Corona
No. 6	178	48	Churchill
No. 1	191	50	Double Corona

PAUL GARMIRIAN (GOURMET II)
📃 Ⓢ Stark ◉ Dominikan. Rep. ▥ Dominikan. Rep.
◑ Connecticut Shade

Name	Länge (mm)	Ringmaß	Form
Robusto	127	50	Robusto
Belicoso Fino	140	52	Belicoso
Connoisseur	152	50	Toro
Torpedo	159	52	Figurado

Gourmet Lonsdale

PAUL GARMIRIAN (PG)
[FORTSETZUNG]

1 Gourmet Belicoso Fino **2** Gourmet 15th Anniversary Connoisseur
3 Gourmet Maduro Celebration Maduro

PUNCH [KUBA/HONDURAS]

Punch-Zigarren wurden 1840 eingeführt und verdanken ihren Namen der in Großbritannien beliebten Handpuppe Mr. Punch (eine Art Kasper). Die Marke zielte vor allem auf den britischen Markt ab. Punch ist die zweitälteste kubanische Marke und wurde 1884 von Manuel López aufgekauft. López zog sich 1924 aus dem Geschäft

PUNCH (DELUXE)
📄 ⑤ Medium ◉ Honduras/Dominikan. Rep./Nicaragua
🖉 Connecticut Broadleaf ◑ Ecuador

Name	Länge (mm)	Ringmaß	Form
Royal Coronation	133	44	Corona
Château M	146	45	Grand Corona
Château L	184	54	Double Corona

PUNCH (GRAND CRU)
📄 ⑤ Medium ◉ Honduras/Dominikan. Rep./Nicaragua
🖉 Connecticut Broadleaf ◑ Connecticut Shade

Name	Länge (mm)	Ringmaß	Form
Punchito	102	50	Figurado
Robusto	133	50	Robusto
Superior	143	47	Grand Corona
No. II	156	54	Toro
Monarcas	171	48	Churchill
Prince Consort	216	52	Giant

PUNCH (RARE COROJO)
📄 ⑤ Medium ◉ Honduras/Dominikan. Rep./Nicaragua
🖉 Connecticut Broadleaf ◑ Ecuador

Name	Länge (mm)	Ringmaß	Form
Rothschild	114	48	Robusto
Magnum	133	54	Robusto
El Doble	152	60	Super Robusto
Pita	156	50	Toro
Double Corona	171	48	Double Corona

PUNCH (GRAN PURO)
📄 ⑤ Medium ◉ Honduras 🖉 Honduras ◑ Honduras

Name	Länge (mm)	Ringmaß	Form
Santa Rita	114	52	Robusto
Rancho	140	54	Robusto
Pico Bonito	152	50	Toro
Sierra	165	48	Toro

Kubanische
Double Corona

Kubanische Petit Punch

zurück, und 1930 kauften Fernández y Palicio die Marke. Die beiden waren auch Eigentümer der Marke Hoyo de Monterrey. Kubanische Punch sind meist kräftig und aromatisch. Aus der Palette ragen die Punch Double Corona, die Punch Punch und die Punch Churchill heraus.

Honduranische Punch gibt es derzeit in fünf Serien: die Standard-Punch mit einem ecuadorianischen (sumatrastämmigen) Deckblatt, einer honduranischen, nicaraguanischen und dominikanischen Einlage sowie einem Connecticut-Broadleaf-Umblatt; die Punch Deluxe, die der Standard ähnelt, aber etwas kräftiger und sowohl mit Natural- als auch mit Maduro-Deckblättern erhältlich ist; die mildere Grand Cru, ebenfalls mit Natural- und Maduro-Deckblättern erhältlich; die rechteckig gepresste, starke Rare Corojo mit ihren sehr aromatischen, dunklen Deckblättern aus Ecuador; und die rein honduranische Gran Puro.

PUNCH (KUBA)
Medium ◉ Kuba ◉ Kuba ○ Kuba

Name	Länge	Ringmaß	Form
Petit Punch	102	40	Perla
Coronation	129	42	Mareva
Royal Selection No. 12	129	42	Mareva
Corona	142	42	Corona
Punch Punch	143	46	Corona Gorda
Royal Coronation	145	43	Corona
Super Selection No. 1	155	42	Corona Grande
Ninfas	178	33	Ninfa
Churchill	178	47	Julieta
Monarca	178	47	Julieta
Double Corona	194	49	Prominente

PUNCH (HONDURAS)
Medium ◉ Honduras/Dominikan. Rep./Nicaragua ◉ Connecticut Broadleaf ○ Ecuador

Name	Länge (mm)	Ringmaß	Form
Rothschild	114	48	Robusto
Champion	114	60	Figurado
London Club	127	40	Petit Corona
Magnum	133	54	Robusto
Café Royale	143	45	Grand Corona
Pita	156	50	Toro
Punch	159	45	Grand Corona
Lonsdale	165	43	Lonsdale
Double Corona	171	48	Double Corona
After Dinner	184	46	Churchill
Presidente	216	52	Giant

1 Kubanische Punch Punch **2** Kubanische Ninfas
3 Kubanische Coronation (Tubo)

RAFAEL GONZALEZ [KUBA]

Lonsdale

Die Marke Rafael González wurde Ende der 1920er-Jahre als La Flor de Marquez aus der Taufe gehoben. 1945 wurde daraus Rafael González. Wie viele andere kubanische Marken schuf man auch diese vor allem für den britischen Markt. Auffallend ist der lange Text auf der Kiste, der unter anderem vor der „Krankheitsphase" der Premium-Zigarren warnt: „Diese Zigarren enthalten eine geheime Mischung aus reinen Vuelta-Abajo-Tabaken, ausgewählt vom Marquez Rafael González, einem spanischen Granden. Diese Marke existiert bereits seit über 20 Jahren. Damit der Kenner das perfekte Aroma voll genießen kann, sollte er die Zigarren entweder einen Monat nach der Lieferung aus Havanna rauchen oder etwa ein Jahr lang sorgfältig reifen lassen." Es ist zu bezweifeln, dass der Marquez je existierte; sein Name dient wohl nur dem Marketing.

Man sagt, die Lonsdale-Vitola (sie ähnelt der Cervantes) sei der Marke Rafael González zu verdanken, und dieses Format sei zu Ehren von Hugh Cecil Lowther, dem fünften Earl von Lonsdale, geschaffen worden, dessen Bild früher die Kiste zierte.

Romeo y Julieta

Die Zigarren werden in der Fabrik Briones Montoto (früher Romeo y Julieta) hergestellt und sind zu Recht dafür bekannt, dass sie ein gutes Preis-Leistungs-Verhältnis bieten. Viele Aficionados vergleichen das würzige, komplexe Aroma dieser Zigarre mit dem einer Montecristo, Letztere ist allerdings viel stärker. Rafael González gehören zu den mildesten kubanischen Zigarren und sind daher ideal für Raucher, die Havannas noch nicht kennen.

RAFAEL GONZALEZ
📖 🚬 Mild bis medium ◉ Kuba ◉ Kuba ◒ Kuba

Name	Länge (mm)	Ringmaß	Form
Très Petit Lonsdale	114	40	Franciscano
Panatela Extra	127	37	Veguerito
Petit Corona	129	42	Mareva
Corona Extra	143	46	Corona Gorda
Lonsdale	165	42	Cervantes
Slenderella	178	28	Panatela Larga

RAMON ALLONES [KUBA/DOMINIKANSICHE REPUBLIK]

O bwohl die Marke Ramón Allones schon 1845 entstand, ist sie fast nur in Kennerkreisen bekannt. Dennoch ist sie eine angesehene Zigarre der mittleren Preisklasse. Diese Zigarren wurden als Erste nach dem heute berühmten System 8-9-8 verpackt. Zudem gilt der Begründer Ramón Allones als erster Zigarrenmacher, der seine Zedernholzkisten mit bunten Bildern verzierte.

Wie Partagás-Zigarren werden auch die Ramón Allones in der Partagás-Fabrik hergestellt. Das könnte erklären, warum sie wie die Partagás zu den stärksten Havannas auf dem Markt gehören. Alle Allones-Zigarren sind für ihren typischen Geschmack bekannt, aber die Gigantes und die Specially Selected sind besonders gefragt.

Dominikanische Ramón Allones

In Kuba gehörte diese Marke Ramón Cifuentes, der die amerikanischen Rechte nach seiner Flucht aus Kuba an die General Cigar Co. verkaufte. Die dominikanischen Zigarren haben ein einheimisches Deckblatt, das speziell für diese Marke angebaut wird, ein Connecticut-Broadleaf-Umblatt und eine Ligero-Einlage aus Nicaragua und der Dominikanischen Republik. Die Zigarren sind nur mit größeren Ringmaßen erhältlich und haben einen vollen, kräftigen Geschmack.

RAMON ALLONES (KUBANISCH)

Stark Kuba Kuba Kuba

Name	Länge (mm)	Ringmaß	Form
Small Club Corona	110	42	Minuto
Ramonitas	120	26	Carolina
Allones Specially Selected	124	50	Robusto
Petit Corona	127	42	Mareva
Corona Extra	137	46	Corona Gorda
Belicosos	140	52	Campana
Lonsdale	162	42	Cervantes
Gigantes	194	49	Double Corona

Kubanische Ramonitas

RAMON ALLONES (DOMINIKANISCH)

Mild bis medium Dominikan. Rep./Nicaragua Connecticut Broadleaf Dominikan. Rep.

Name	Länge (mm)	Ringmaß	Form
Gustoso	127	50	Robusto
Maestro	140	54	Robusto
Brioso	152	45	Grand Corona
Ultimo	165	49	Toro

RAMON ALLONES [FORTSETZUNG]

1 Kubanische Small Club Corona 2 Kubanische Allones Specially Selected
3 Kubanische Belicosos 4 Kubanische Gigantes

ROMEO Y JULIETA [KUBA/DOMINIKANISCHE REP.]

Romeo y Julieta gehört zu den ältesten und bekanntesten Havannas überhaupt. Die Marke entstand 1875 und umfasst gegenwärtig 14 verschiedene handgemachte Vitolas (die limitierten Editionen nicht mitgerechnet). Damit gehört sie zusammen mit Partagás zu einer der sortenreichsten Marken für Premium-Zigarren.

Der frühe Erfolg dieser Marke ist vor allem der großen Tatkraft von José „Pepin" Rodríguez Fernandez zu verdanken, der sie 1903 kaufte. Innerhalb von nur zwei Jahren mussten er und seine 1400 Arbeiter bereits in eine größere Fabrik umziehen. Pepin reiste durch ganz Europa, um für seine Zigarren zu werben. Als besonderes Angebot für seine besten Kunden produzierte er Zigarren mit individuellen Bauchbinden – zeitweise waren das bis zu 2000 verschiedene „persönliche" Banderolen. Wie extravagant seine Werbestrategien sein konnten, belegen seine jährlichen Besuche in Verona: Bis zum Zweiten Weltkrieg baute er während der Festspiele unter dem Balkon der Capulets stets einen Stand auf. Dort spielt sich in Shakespeares namensgebendem Schauspiel *Romeo und Julia* eine Schlüsselszene (die berühmte „Balkonszene") ab.

Kubanische
Cedros de Luxe No. 3

ROMEO Y JULIETA (KUBA)
🗎 🗊 Mild bis medium ⦿ Kuba ⬤ Kuba ◯ Kuba

Name	Länge (mm)	Ringmaß	Form
Petit Julieta	100	30	Entreacto
Petit Princess	102	40	Perla
Très Petit Corona	116	40	Franciscano
Short Churchill	124	50	Robusto
No. 2	127	42	Mareva
Exhibición No. 4	127	48	Hermoso No. 4
Petit Pirámide	127	50	Figurado
Cedros de Luxe No. 3	129	42	Mareva
Petit Corona	129	42	Mareva
Belicoso	140	52	Belicoso
Cedros de Luxe No. 2	142	42	Corona
Corona	142	42	Corona
Exhibición No. 3	143	46	Corona Gorda
Hermoso No. 2	159	48	Hermoso No. 2
Cazadore	162	43	Cazadore
Cedros de Luxe No. 1	165	42	Cervante
Hermoso No. 1	168	48	Hermoso No. 1
Churchill	178	47	Julieta

Kubanische
Churchill (Tubo)

Churchill

Im 20. Jahrhundert wurde die Marke immer beliebter, vor allem in Großbritannien, und ihr Flaggschiff, die Churchill, galt weithin als beste Zigarre dieser Vitola. Benannt wurde sie nach einem ihrer passioniertesten und berühmtesten Verehrer, Sir Winston Churchill.

ROMEO Y JULIETA (1875)

📘 Ⓢ Mild bis medium ◉ Dominikan. Rep. ◉ Dominikan. Rep.
◑ Indonesien

Name	Länge (mm)	Ringmaß	Form
Romeo	102	30	Small Panatela
Bully	127	50	Robusto
Romeo's Court	140	44	Corona
Deluxe No. 2 (Glass tube)	152	50	Toro
Toro Exhibición No. 3	152	50	Toro
Belicoso	156	54	Belicoso
Lancero	165	38	Panatela
Cedro Deluxe No. 1	165	44	Lonsdale
Churchill	178	50	Churchill
Exhibición No. 1	216	52	Giant

ROMEO Y JULIETA (RESERVE MADURO)

📘 Ⓢ Mild bis medium ◉ Dominikan. Rep./Nicaragua/Peru
◉ Nicaragua ◑ Connecticut Broadleaf

Name	Länge (mm)	Ringmaß	Form
Petit Robusto	108	54	Robusto
No. 4	127	44	Petit Corona
Robusto	127	50	Robusto
Mini Belicoso	127	52	Belicoso
Toro	152	50	Toro
Belicoso	156	52	Belicoso
Lonsdale	168	44	Lonsdale
Churchill	178	50	Double Corona

ROMEO Y JULIETA (VINTAGE MADURO)

📘 Ⓢ Mild bis medium ◉ Dominikan. Rep./Nicaragua/Peru
◉ Ecuador ◑ Connecticut Broadleaf

Name	Länge (mm)	Ringmaß	Form
III	127	50	Robusto
I	152	43	Long Corona
II	152	46	Grand Corona
VII	152	50	Toro
VI	165	60	Figurado
IV	178	48	Churchill
V	191	50	Double Corona

ROMEO Y JULIETA (VINTAGE)
📖 Ⓢ Mild bis medium ◉ Dominikan. Rep. ◉ Mexiko ◐ Ecuador

Name	Länge (mm)	Ringmaß	Form
III	127	50	Robusto
I	152	43	Long Corona
II	152	46	Grand Corona
VII	152	50	Toro
VI	165	60	Figurado
IV	178	48	Churchill
V	191	50	Double Corona

ROMEO Y JULIETA (ANIVERSARIO)
📖 Ⓢ Mild bis medium ◉ Dominikan. Rep./Nicaragua/Peru
◉ Connecticut Broadleaf ◐ Ecuador

Name	Länge (mm)	Ringmaß	Form
Robusto	127	52	Robusto
Corona	140	44	Corona
Toro	152	54	Toro
No. 2	156	52	Belicoso
Churchill	178	54	Double Corona

ROMEO Y JULIETA (RESERVA REAL)
📖 Ⓢ Mild bis medium ◉ Dominikan. Rep./Nicaragua
◉ Nicaragua ◐ Ecuador

Name	Länge (mm)	Ringmaß	Form
Lancero	114	38	Lancero
Robusto	127	52	Robusto
Corona	140	44	Corona
Toro	152	54	Toro
Lonsdale	168	44	Lonsdale
Churchill	178	50	Double Corona

Kubanische Belicoso

Pepin starb 1954 im Alter von 88 Jahren, und nach der Revolution übernahm Cubatabaco die Marke, die heute noch eine der meistverkauften des Landes ist. 2006 wurde ihr zu Ehren eine neue Vitola geschaffen, eine Robusto namens Short Churchill. Bei einer so großen Auswahl findet sich in der Regel für jeden Anlass eine passende „Romeo", von der milden Serie Cedros bis zu den kräftigen, aber trügerisch weichen Churchills.

Die dominikanische Romeo y Julieta
Die amerikanischen Rechte an der Marke gehören heute Altadis USA – sie ist die meistverkaufte handgemachte Marke der Firma. Dominikanische „Romeos" gibt es in vielen Formen und Größen und bis dato in

Kubanische
Petit Julieta

sechs Serien. Die Standardserie 1875 wird mit einem dominikanischen Umblatt, einer dominikanischen Einlage und einem indonesischen TBN-Umblatt hergestellt. Die Reserve Maduros haben ein geschwärztes Connecticut-Broadleaf-Deckblatt, ein nicaraguanisches Umblatt und eine Einlage aus nicaraguanischem, peruanischem und dominikanischem Tabak. Die Deckblätter der Vintage Maduros sind ähnlich, haben aber eine ältere Einlage und ein sumatrastämmiges ecuadorianisches Umblatt. Man bekommt sie auch in einer befeuchteten Kiste. Die Vintage-Serie mit ihrem ecuadorianischen Connecticut-Shade-Deckblatt, dem mexikanischen Umblatt und der dominikanischen Einlage eignet sich eher für erfahrenere Raucher. Die neueren Aniversario und Reserva Real haben ebenfalls ein ecuadorianisches Connecticut-Shade-Deckblatt, Erstere ein Connecticut-Broadleaf-Umblatt und eine Einlage aus dominikanischem, peruanischem und nicaraguanischem Tabak, Letztere ein Umblatt aus Nicaragua und eine Einlage aus der Dominikanischen Republik und Nicaragua. Eine weitere neue Serie, Habana Reserve, ist fast rein nicaraguanisch; nur der Einlage ist etwas honduranischer Tabak beigemischt.

Edicion Limitada

Altadis hat eine limitierte Edition aus drei Vitolas (alle Tubos) angekündigt. Sie haben San-Andres-Corojo-Deckblätter aus Mexiko, ein Connecticut-Broadleaf-Umblatt und eine Einlage aus Nicaragua und der Dominikanischen Republik.

ROMEO Y JULIETA (HABANA RESERVE)

📄 🚬 Medium bis stark ◉ Honduras/Nicaragua ▨ Nicaragua ◐ Nicaragua

Name	Länge (mm)	Ringmaß	Form
Robusto	127	54	Robusto
Corona	143	45	Grand Corona
Toro	152	56	Toro
Belicoso	156	52	Belicoso
Churchill	178	54	Double Corona

ROMEO Y JULIETA (EDICION LIMITADA)

📄 🚬 Mild bis medium ◉ Dominikan. Rep./Nicaragua ▨ Connecticut Broadleaf ◐ Mexiko

Name	Länge (mm)	Ringmaß	Form
Rothchilde (Tubo)	127	54	Robusto
Prominente (Tubo)	152	54	Toro
No. 2 (Tubo)	156	52	Toro

1 Kubanische Exhibición No. 3 2 Kubanische Hermoso No. 2
3 Kubanische No. 2 (Tubo) 4 Kubanische Short Churchill

SAINT LUIS REY [KUBA/HONDURAS]

Serie G Short Robusto

Saint Luis Rey wurde Mitte der 1950er-Jahre von den britischen Zigarrenimporteuren Michael de Keyser und Nat Silverstone eingeführt. Verglichen mit anderen Havannas ist diese Marke recht preiswert und hat unter Kennern ihre Anhänger. Sie wird in der Fabrik Briones Montoto (früher Romeo y Julieta) hergestellt und umfasst derzeit sechs Vitolas, alle mit einem kräftigen, aber weichen Geschmack. Churchill und Regio gelten als die besten. Die honduranische Saint Luis Rey gibt es seit Ende der 1990er-Jahre. Nach dem „Crash" im Jahr 1999 wurde die Produktion eingestellt, dann aber von Altadis USA, dem heutigen Inhaber der amerikanischen Rechte, wiederaufgenommen. Die Zigarren haben ein beständig gutes Preis-Leistungs-Verhältnis und sind heute in den Formaten der Standardserie G erhältlich.

SAINT LUIS REY (KUBANISCH)
📄 Ⓢ Stark ◉ Kuba ◉ Kuba ◯ Kuba

Name	Länge (mm)	Ringmaß	Form
Regio	127	48	Robusto
Petit Corona	129	42	Petit Corona
Corona	142	42	Corona
Serie A	143	46	Corona Gorda
Lonsdale	165	42	Cervante
Churchill	178	47	Julieta

SAINT LUIS REY (HONDURANISCH)
📄 Ⓢ Medium bis stark ◉ Honduras/Nicaragua/Peru ◉ Nicaragua ◯ (Natural) Nicaragua/(Maduro) Mexiko

Name	Länge (mm)	Ringmaß	Form
Rothchilde	127	54	Robusto
Corona	133	44	Corona
Titan	140	60	Super Robusto
Toro	152	50	Toro
Belicoso	156	52	Belicoso
Churchill	178	52	Double Corona

SAINT LUIS REY (SERIE G)
📄 Ⓢ Stark ◉ Nicaragua ◉ Connecticut Broadleaf ◯ Connecticut Broadleaf

Name	Länge (mm)	Ringmaß	Form
Short Robusto	114	54	Robusto
Rothchilde	127	56	Robusto
No. 6	152	60	Super Robusto
Belicoso	156	54	Belicoso

SANCHO PANZA [KUBA/HONDURAS]

S ancho Panza wurde um 1850 aus der Taufe gehoben und nach dem treuen Diener Don Quichotes, des tragischen Helden in Cervantes' gleichnamigem Roman, benannt. Sie ist zwar eine der ältesten Havanna-Marken, aber wenig bekannt – sicherlich auch deshalb, weil man sie nur in wenigen Ländern kaufen kann.

Honduras

Die nichtkubanischen Sancho Panzas sind viel kräftiger als die kubanischen. Die Rechte an der Marke besitzt Villazon & Co., die der General Cigar Co. gehört. Sancho Panzas wurden unter dem erfahrenen Auge von Estelo Padrón entwickelt und umfassen derzeit drei Serien: die Standardserie mit honduranischer, nicaraguanischer und dominikanischer Einlage, einem Connecticut-Broadleaf-Umblatt und einem Connecticut-Shade-Deckblatt; die Double Maduro mit Connecticut-Shade-Umblatt und Connecticut-Broadleaf-Deckblatt; die neuere Serie Extra Fuerte, die rein honduranisch und die kräftigste aller honduranischen Marken ist.

Kubanische Non Plus

SANCHO PANZA (HONDURAN)

📄 ⑤ Medium ◉ Honduras/Nicaragua/Dominikan. Rep. ◉ Connecticut Broadleaf ◖ Connecticut Shade

Name	Länge (mm)	Ringmaß	Form
Valiente	133	50	Robusto
Glorioso	156	50	Toro
Caballero	159	45	Belicoso
Dulcinea	159	54	Corona
Primoroso	162	47	Grand Corona

SANCHO PANZA (EXTRA FUERTE)

📄 ⑤ Stark ◉ Honduras ◉ Honduras ◖ Honduras

Name	Länge (mm)	Ringmaß	Form
Valiente	133	50	Robusto
Glorioso	156	50	Toro
Caballero	159	45	Belicoso
Dulcinea	159	54	Corona
Primoroso	162	47	Grand Corona

Eine milde Zigarre

Obwohl oft gesagt wird, die Sancho Panza sei für den echten Kenner zu mild und zu wenig aromatisch, schätzen viele ihr subtiles, blumiges Aroma. Sie ist daher die ideale kubanische Zigarre für Anfänger. Zudem ist die Marke eine der wenigen, die regelmäßig eine Belicoso Figurado und eine 235 mm lange Gran Corona (Riesenformat) anbietet.

SANCHO PANZA (DOUBLE MADURO)

📄 Ⓢ Medium ◉ Honduras/Nicaragua/Dominikan. Rep.
◉ Connecticut Shade ◐ Connecticut Broadleaf

Name	Länge (mm)	Ringmaß	Form
Quixote	114	50	Robusto
La Mancha	140	44	Corona
Cervantes	165	48	Toro
Escudero	184	54	Double Corona

SANCHO PANZA (KUBANISCH)

📄 Ⓢ Mild ◉ Kuba ◉ Kuba ◐ Kuba

Name	Länge (mm)	Ringmaß	Form
Non Plus	129	42	Petit Corona
Belicoso	140	52	Belicoso
Corona	143	42	Corona
Molino	165	42	Cervante
Corona Gigante	178	47	Julieta
Sancho	235	47	Gran Corona

Honduranische
Caballero

1 Kubanische Sancho 2 Kubanische Corona Gigante
3 Kubanische Belicoso 4 Kubanische Corona

SAN CRISTOBAL DE LA HABANA [KUBA]

Oficios

D ie San Cristóbal wurde 1999 eingeführt, also nach der Cuaba (1996), der Vegas Robaina (1997) und der Trinidad (1998), und ist somit die neuste kubanische Zigarre. Sie sollte auf Raucher abzielen, die eine untere bis mittlere Preisklasse bevorzugen, denn Vegas Robaina und Trinidad gehörten eindeutig in die gehobene Preisklasse. Der Tabak für die ursprünglich wirklich sehr preiswerte San Cristóbal kam zunächst aus der Region Remedios. Seit Kurzem wird für sie jedoch Tabak aus der berühmteren Vuelta Abaja verwendet, und deshalb kosten sie jetzt so viel wie Bolívar und Sancho Panza.

Kubanische Wahrzeichen

Die Marke wurde nach Christoph Kolumbus benannt und erinnert an die Gründung Havannas. Anfangs bestand sie aus vier Vitolas – El Principe, La Fuerza, La Punta und El Morro –, alle nach berühmten kubanischen Schlössern benannt, die einst eine wichtige Rolle in der kubanischen Geschichte spielten. Die kräftig schmeckenden Zigarren wurden sehr gut aufgenommen. Zwei Formate waren völlig neu: La Fuerza ähnelt einer langen Robusto, und El Morro hat das Ringmaß einer Double Corona und die Länge einer Julieta. Drei weitere Zigarren kamen seitdem zum ursprünglichen Sortiment hinzu und wurden ebenfalls nach kubanischen Wahrzeichen benannt, nämlich nach berühmten Straßen im alten Havanna.

SAN CRISTOBAL DE LA HABANA
📄 Ⓢ Medium bis stark ◉ Kuba ◔ Kuba ◯ Kuba

Name	Länge (mm)	Ringmaß	Form
El Principe	110	42	Minuto
Oficios	135	43	Oficios
La Punta	140	52	Campana
La Fuerza	141	50	Robusto/Gordito
Mercaderes	167	48	Mercaderes
El Morro	180	49	Julieta
Murralla	180	54	Rodolfo

1 El Morro **2** La Fuerza **3** La Punta **4** El Principe

SANTA DAMIANA [DOMINIKANISCHE REPUBLIK]

Panatela

Santa Damiana war ursprünglich der Markenname einer kubanischen Zigarrenserie, die es nicht mehr gibt. Heute werden diese Zigarren nur in der Dominikanischen Republik für Altadis USA hergestellt. Es gibt zwei Serien: die hellere, mildere, die vor allem für den amerikanischen Markt bestimmt ist, und die etwas kräftigere für den Export nach Europa. Die Hauptformate für Amerika sind nummeriert, zum Beispiel Selección No. 100, No. 300 und so weiter. Das Deckblatt besteht aus Connecticut Shade, die Einlage und das Umblatt stammen aus der Dominikanischen Republik.

Europa

Santa Damianas, die nach Europa exportiert werden, vor allem nach Großbritannien, tragen traditionellere Namen wie Robusto, Churchill und Corona. Auch sie haben Deckblätter aus Connecticut Shade, ihre Einlage ist jedoch etwas kräftiger. Alle Santa Damianas stehen im Ruf, von beständig guter Qualität zu sein, zumal sie in der hochmodernen dominikanischen Fabrik La Romana gerollt werden.

SANTA DAMIANA
📄 Ⓢ Mild bis medium ◉ Dominikan. Rep. ◉ Dominikan. Rep.
◯ Connecticut Shade

Name	Länge (mm)	Ringmaß	Form
Panatela	114	36	Panatela
Petit Corona	127	42	Petit Corona
No. 500	127	50	Robusto
Robusto	127	50	Robusto
Corona	130	42	Corona
No. 300	140	46	Corona Extra
No. 600	152	50	Toro
Torpedo	156	52	Figurado
No. 700	168	44	Lonsdale
No. 100	171	48	Toro
Churchill	178	48	Churchill

SANTA DAMIANA (HABANA 2000)
📄 Ⓢ Medium ◉ Dominikan. Rep./Brasilien ◉ Nicaragua
◯ Nicaragua

Name	Länge (mm)	Ringmaß	Form
Rothschild	133	52	Robusto
Torbusto	140	60	Super Robusto
Director	171	44	Lonsdale
Belicoso	178	52	Belicoso

1 Torpedo **2** Churchill **3** Corona **4** Robusto

TRINIDAD [KUBA/DOMINIKANISCHE REPUBLIK]

Maduro Toro

Trinidads wurden zuerst 1999 exportiert und zunächst in der Fabrik El Laguito hergestellt, ab 2004 dann in Pinar del Río. Es gab nur ein Format: Fundadore, eine neue Vitola, die etwas größer als die Cohiba Lancero ist. 2003 kamen drei neue Formate hinzu: Reyes, Coloniales und Robusto Extra. 1997 stellte Arturo Fuente als Erster dominikanische Trinidads her. 2003 kaufte Altadis USA die amerikanischen Markenrechte, nachdem das Unternehmen 2002 die Produktion übernommen hatte. Die mittelstarken Natural-Zigarren bestehen aus einer nicaraguanischen, dominikanischen und peruanischen Einlage, einem Connecticut Broadleaf als Umblatt und einem in Ecuador schattengezogenen Deckblatt aus Sumatra-Saatgut.

TRINIDAD (KUBANISCH)

📄 Ⓢ Medium bis stark ◉ Kuba ◉ Kuba ◯ Kuba

Name	Länge (mm)	Ringmaß	Form
Reyes	110	40	Rey
Coloniales	132	44	Mareva
Robusto Extra	155	50	Super Robusto
Fundadores	192	40	Laguito Especial

TRINIDAD (DOMINIKANISCH)

📄 Ⓢ Medium ◉ Nicaragua/Dominikan. Rep./Peru ◉ Connecticut Broadleaf ◯ Ecuador

Name	Länge (mm)	Ringmaß	Form
Corona	127	44	Corona
Robusto	127	50	Robusto
Mini Belicoso	127	52	Belicoso
Toro	152	50	Toro
Belicoso	156	52	Belicoso
Lonsdale	168	44	Lonsdale
Churchill	178	50	Double Corona
Fundadores	191	40	Giant Corona

TRINIDAD (MADURO)

📄 Ⓢ Medium ◉ Nicaragua/Dominikan. Rep./Peru ◉ Ecuador ◯ Connecticut Broadleaf

Name	Länge (mm)	Ringmaß	Form
Trini Petite	102	30	Small Panatela
Petite Robusto	108	54	Robusto
Toro	152	55	Toro
Belicoso	156	54	Belicoso
Churchill	178	58	Double Corona

1 Kubanische Fundadores 2 Kubanische Robusto Extra
3 Kubanische Coloniales 4 Kubanische Reyes

VEGAS ROBAINA [KUBA]

D ie Marke Vegas Robaina wurde nach Alejandro Robaina, dem berühmtesten Tabakfarmer Kubas, benannt und 1997 aus der Taufe gehoben. Sie zielte in erster Linie darauf ab, den spanischen Markt zu erobern. Auf der Kiste ist ein Porträt von Alejandro Robaina abgebildet, der auf seiner Farm in der berühmten kubanischen Region Vuelta Abaja seit über 50 Jahren einige der edelsten Deckblätter produziert.

Generationen

Das Land in der Nähe der Stadt San Luis ist seit Mitte des 19. Jahrhunderts im Besitz der Familie Robaina und ging immer vom Vater auf den Sohn über. Alejandro erbte das Land im Jahr 1950 von seinem Vater Maruto und erzeugt wie dieser einen der gefragtesten Tabake der Welt.

Die fünf Formate (alle handgerollt) schneiden bei Tests in aller Welt ständig gut ab, vor allem die Unico (eine Pyramide). Es heißt, Vegas Robainas würden einige der besten Tabake der Insel verwenden, darunter auch Deckblätter der Robaina-Farm.

VEGAS ROBAINA

📋 Ⓢ Medium bis stark ◉ Kuba ◉ Kuba ◯ Kuba

Name	Länge	Ringmaß	Form
Famoso	127	48	Hermoso No. 4
Familiar	142	42	Corona
Unico	156	52	Figurado
Clásico	165	42	Cervante
Don Alejandro	194	49	Prominente

Familiar

1 Don Alejandro **2** Clásico
3 Unico **4** Famoso

GLOSSAR

BAUCHBINDE Ein dekorativer Papierstreifen, der knapp unter dem Kopf um die Zigarre gewickelt wird. Auf der Bauchbinde oder Banderole stehen der Markenname und häufig auch das Herkunftsland. Einst war es verpönt, eine Zigarre mit Bauchbinde zu rauchen; heute lässt man die Bauchbinde oft unversehrt, um das Deckblatt nicht zu beschädigen.

BURROS Große, rechteckige Stapel aus gärendem Tabak, bis zu zwei Meter hoch. Die Temperatur der Burros wird genau überwacht. Wenn sie über 35 °C steigt, lockert man den Stapel, damit ein Teil der Wärme entweichen kann.

CANDELA Bezeichnung für ein hellgrünes Deckblatt. Die Farbe kommt vom grünen Chlorophyll im Blatt, das vor dem Fermentierungsprozess biochemisch fixiert wird. Auch *Double claro* genannt.

CHAVETA Ein halbkreisförmiges Messer, mit dem die Roller Deckblätter schneiden.

CLARO Eine Deckblattfarbe. Claro-Deckblätter wachsen meist im Schatten und sind hellbraun. Man bezeichnet sie oft als „natürliche" Deckblätter.

COLORADO Eine Deckblattfarbe. Colorado-Deckblätter sind rötlich braun und werden meist für gut gereifte Zigarren verwendet.

COLORADO CLARO Eine Deckblattfarbe. Colorado-claro-Deckblätter sind heller als Colorado-, aber dunkler als Claro-Deckblätter.

CONNECTICUT BROADLEAF Ein Deckblatt, das nur im Tal des Flusses Connecticut in den USA wächst. Im Gegensatz zum dunkleren Connecticut Shade wächst es in der Sonne. Man verwendet es oft als Deckblatt für Maduro-Zigarren.

CONNECTICUT SHADE Ein Deckblatt, das nur im Tal des Flusses Connecticut (USA) unter Gazezelten, also im Schatten, wächst. Es hat eine helle Farbe und wird für milde bis mittelstarke Zigarren verwendet. Connecticut Shade gehört zu den teuersten Tabaken der Welt.

COROJO Eine Varietät der Tabakpflanze.

CRIOLLO Eine Varietät der Tabakpflanze.

CULEBRAS Seltene Zigarrenform, die aus drei ineinander verschlungenen Zigarren besteht.

DECKBLATT Das Tabakblatt, das um die Einlage und das Umblatt gewickelt wird. Deckblätter sind oft der teuerste Bestandteil einer Zigarre, da sie vielfach sortiert werden.

DOUBLE CLARO *Siehe* Candela.

EINLAGE Das innere Tabakblatt, das zusammen mit dem Umblatt den Wickel einer Zigarre bildet. Einlagenblätter in handgerollten Zigarren sind lang und ungeschnitten. Man faltet sie so, dass die Zigarre gleichmäßig zieht. Der Einlage verdankt die Zigarre den größten Teil ihres Geschmacks.

ESCAPARATE Ein Klimaraum oder gekühlter Schrank, in dem Zigarren nach dem Rollen einige Wochen reifen, damit sie Feuchtigkeit verlieren, die sie möglicherweise in der Fabrik aufgenommen haben.

FERMENTATION Ein biochemischer Prozess, der mit dem Kompostieren vergleichbar ist und dem der Tabak meist zweimal unterzogen wird. Dabei wird Ammoniak freigesetzt, und der Nikotingehalt sinkt.

FIGURADO Unregelmäßige Zigarrenform. Die häufigsten Figurados sind Pyramiden (pirámides), perfectos und culebras.

FUSS Das „Brandende" der Zigarre, also das Ende, das man anzündet.

HUMIDOR Eine Kiste, ein Schrank oder Raum, in dem Feuchtigkeit und Temperatur genau reguliert und konstant gehalten werden können. Die Meinungen über die optimalen Werte gehen etwas auseinander, aber eine Feuchtigkeit von 70 Prozent und eine Temperatur zwischen 20 °C und 21 °C verhindern, dass Zigarren austrocknen.

KAPPE Die Kappe ist ein Stück von einem ausgesonderten Deckblatt, das verhindert, dass das Deckblatt sich löst. Man schneidet sie ab, damit die Zigarre gut zieht.

KOPF Das Zigarrenende, das die Kappe trägt.

LECTORES „Vorleser" für Zigarrenroller. Seit Mitte des 19. Jahrhunderts lesen die lectores unterschiedliche Texte vor, vom Roman bis zur Zeitung. Vor allem ihnen ist es zu verdanken, dass die Fabrikarbeiter während der kubanischen Revolution informiert blieben. Heute ist dieser Brauch nicht mehr so verbreitet wie früher.

LIGERO Die oberen Blätter einer Tabakpflanze. Sie haben einen stärkeren Geschmack und mehr Aroma als die unteren Blätter.

MADURO Ein dunkles, rötlich braunes Deckblatt.

OSCURO Ein fast schwarzes Deckblatt.

PAREJO Eine Zigarre mit gerader Form.

PERFECTO Eine Figurado-Zigarre, die an beiden Enden geschlossen und in der Mitte bauchig ist.

PYRAMIDE (auch pyrámide oder pyramid) Eine Figurado-Zigarre, die am Fuß dicker ist als am Kopf.

PFROPFEN Ein Tabakknoten in einer Zigarre, der einen guten Zug verhindert. Man kann Pfropfen spüren und bisweilen auch entfernen, wenn man die Zigarre behutsam zwischen den Fingern rollt.

RINGMASS Der Durchmesser einer Zigarre, in 64stel Inch (Zoll) gemessen. Eine Zigarre mit Ringmaß 32 ist also ½ Inch (127 mm) dick.

TORCEDORE, TORCEDORA Zigarrenroller(in).

TUBOS Zigarren in Aluminiumröhren. Sie werden oft auch in sehr dünnes Zedernholz gewickelt.

UMBLATT Eine der drei Tabakbestandteile, die man für eine Premium-Zigarre verwendet. Das Umblatt umhüllt das Innere, die Einlage.

WICKEL Der Hauptteil der Zigarre, bestehend aus Einlage und Umblatt. Bei der fertigen Zigarre kommen noch das Deckblatt und eine Kappe hinzu.

ZIEHHARMONIKAFALTUNG So nennt man die Methode, nach der die Einlagenblätter einer handgerollten Zigarre gefaltet werden, damit die Zigarre gleichmäßig abbrennt und gut zieht.

ZUG Der Luftstrom durch eine Zigarre. Eine gute handgerollte Zigarre zieht leicht, aber nicht so leicht, dass der Rauch heiß wird.

REGISTER

DANKSAGUNG/ABBILDUNGSNACHWEIS

Der Verlag dankt den folgenden Personen und Institutionen für die Erlaubnis, urheberrechtlich geschütztes Bildmaterial abzudrucken:
Alamy: John Birdsall 56; Kathleen Watmough/Aliki image library 61; John James 65o; Images & Stories 67m; Martin Bobrovsky/INSADCO Photography 80; Corbis: Peter M. Wilson 2; Susana Vera/Reuters 4, 5; Fulvio Roiter 10; Alison Wright 11u; Theodor de Bry 11o; Historical Picture Archive 15; Brooklyn Museum 16; Bettmann 17u, 17o, 18u; The Art Archive 18; Phillip Spruyt Stapleton Collection 19o; Bettmann 20, 21u; Corbis 21o; Hulton-Deutsch Collection 22; Bettmann 23; Historical Picture Archive 24; Hans Georg Roth 25; Bettmann 25u, 26; Corbis 26o; Bettmann 27; Hulton-Deutsch Collection 27o; Art Photogravures Co. 28, 29; Richard Cummins 29u; Kevin Fleming 29o; Frances Benjamin Johnston 30; Patrick Robert/Sygma 31o; Dmitri Baltermants/The Dmitri Baltermants Collection 32; Bettmann 33u, 33o; Catherine Karnow 36; Charles & Josette Lenars 38, 39; Marion Post Wolcott 41o; E.O. Hoppé 42; Dave G. Houser 43; José F. Poblete 44u; Jan Butchofsky-Houser 44o; James Davis/Eye Ubiquitous 46; Reuters 47o; Najlah Feanny 48; Ronald Siemoneit 48u; Wally McNamee 49o; Jeremy Horner 50; Susana Vera/Reuters 51u; Christoph Boisvieux 51o; Rufus F. Folkks 52; Bettmann 53o; Hulton-Deutsch Collection 53u; Owen Franken 54, 55; Alejandro Ernesto/epa 57; Richard Hamilton Smith 58, 59; Kevin Fleming 59; James Sparshatt 60; Jermey Horner 62; Patrick Robert/Sygma 63u, 64; JP Laffont/Sygma 63m, 65u, 66m; Dave G. Houser 66u; Claudia Daut/ Reuters 67u, 67o; Bob Krist 68; Richard Bickel 69u; Owen Franken 70; Colin Garratt/Milepost 92 ½ 71u; Patrick Robert/Sygma 72, 73o; Arne Hodalic 73u; Michael S. Yamashita 77o; Claudia Daut/Reuters 79o; Leif Skoogfors 81u, 81o; Macduff Everton 82; Michael S. Yamashita 83; Yves Gellie 84; Rafael Perez/Reuters 85o; Getty: Theodore de Bry/The Bridgeman Art Library 12; Alonso Sanchez Coello/ The Bridgeman Art Library 13o; John Decritz the Elder/The Bridgeman Art Library 13u; English School/The Bridgeman Art Library 14; Don Hebert 8, 9; Dmitri Kessel/Time & Life Pictures 40; Bruno Morandi 86, 87; PicturePress 7o; Istock: 22, 46; John Rodriguez 76; W. Brian Watkins 88; Paul Miller: 66o, 69o, 71o; Rex Features: Louisa Macdonell 85u.

Herzlichen Dank für Zigarren und Zigarrenbilder an Altadis USA/Don Diego; British American Tobacco/ Dunhill; Davidoff London; Arturo Fuente/Montesino; Felipe Gregorio; Gawith Hoggarth Tobacco Trading Ltd/Nat Sherman; Hunters & Frankau/Fonseca; Tor Imports/Sant Luis Rey; www.topcubans.com/La Gloria Cubana.